U0936412

《中国抗日战争全景录》丛书编委会

纪念中国人民抗日战争暨世界反法西斯战争胜利70周年重点出版物

主编｜张树军

中国抗日战争全景录

广西卷

广西壮族自治区档案馆｜编著

广西人民出版社

图书在版编目（CIP）数据

中国抗日战争全景录. 广西卷 / 广西壮族自治区档案馆编著.—南宁：广西人民出版社，2015.4

ISBN 978-7-219-09415-0

Ⅰ. ①中… Ⅱ. ①广… Ⅲ. ①抗日战争—史料—广西 Ⅳ. ①K265.06

中国版本图书馆CIP数据核字（2015）第253721号

出 品 人　卢培钊
监　　制　马丕环
责任编辑　韩绿林　李　洁
　　　　　寇晓旸　张雪芹
封面设计　肖　辉　欢　欢
印前制作　麦林书装

出版发行　广西人民出版社
社　　址　广西南宁市桂春路6号
邮　　编　530028
印　　刷　中共广西壮族自治区委员会办公厅印刷厂
开　　本　787mm×1092mm　1/16
印　　张　14.5
字　　数　200千字
版　　次　2015年4月　第1版
印　　次　2015年4月　第1次印刷
书　　号　ISBN 978-7-219-09415-0/K · 1633
定　　价　48.00元

总　序

支绍曾

中国抗日战争是中国人民反抗日本军国主义侵略的正义战争，是世界反法西斯战争的东方主战场，也是中国近代以来抗击外敌入侵第一次取得完全胜利的民族解放战争。这场战争的伟大胜利成为改变中华民族命运的历史转折。

一

日本军国主义及其推行的大陆政策是日本侵华的罪恶根源。中日两国本是一衣带水的近邻，有着两千多年的交往历史，日本民族曾经饱受中华文化的滋润。然而，具有浓厚军事封建传统的日本，经过长期武家政权的统治，“神国观念”“大国意识”和“武士道精神”等思想意识逐渐植根于社会之中。其中一些“精英”缺失厚人善邻的理念，而充满好勇斗狠、野蛮凶残的武士习性和扩张野心，常以狭隘的“岛国心态”觊觎辽阔的东亚大陆。为争夺“生存空间”，他们磨刀霍霍，暗中窥伺，一旦有机可乘，便一次次地把魔爪伸向邻国。具有代表性的是，武士首领丰臣秀吉16世纪末统一日本后，就提出征服朝鲜、占领中国、称霸东南亚和印度的“大日本帝国”的构想，并且两次发动侵朝战争，企图假道朝鲜侵略中国，定都北京。虽然其美梦破灭了，但向大陆扩张的野心却暴露无遗，而且对日本近代军国主义的形成和发展产生了深远影响。

1868年明治维新以后，日本建立起以天皇为统治核心的近代军国主义制度，并将以侵略中国及朝鲜为主要目标的“大陆政策”确定为基本国策，迅速走上穷兵黩武、侵略扩张的近代军国主义道路。

从明治维新开始的70余年间，日本推行大陆政策，发动和参加了一系列侵华战争：1874年日本首次对外用兵就是侵犯中国领土台湾，随后强行将中国的藩属国琉球并入日本版图；1894年日本发动大规模侵华的甲午战争，迫使清朝政府签订丧权辱国的《马关条约》，强占了台湾和澎湖列岛等中国领土，攫取了巨额战争赔款和一系列在华特权；1900年日本参加八国联军侵华战争，通过《辛丑条约》获得了在中国京、津等地的驻兵权；1904年日本发动日俄战争，夺取了俄国在中国东北南部的权益；1914年第一次世界大战爆发后，日本夺取了德国在中国山东的特权；1915年日本公然提出独霸中国的“二十一条”；1927年日本内阁召开“东方会议”，炮制臭名昭著的《田中奏折》，制定了侵吞东北、独占中国、称霸亚洲乃至世界的战略构想；1931年日本军国主义悍然发动震惊中外的九一八事变，开启了长达14年之久的侵华战争。

日本发动大规模侵华战争旨在变全中国为其独占的殖民地。在14年侵华战争中，日本军国主义大肆践踏中国大地。在政治上炮制伪满洲国，培植汪精卫等傀儡政权“以华制华”，对其占领区强化殖民统治；在军事上，施以法西斯暴行，制造南京大屠杀、重庆大轰炸等惨案，发动细菌战、化学战，实行“三光”政策，肆无忌惮地残杀中国同胞，造成3500万以上的人员伤亡；在经济上，疯狂掠夺中国的各种战略资源，实行“以战养战”，给中国造成6000多亿美元的经济损失；在文化上，蓄意摧残中国民族文化，大肆毁损、劫夺中国典籍文物，实施奴化教育；还强征“慰安妇”充当日军性奴隶，残酷奴役被抓捕的大量劳工，等等。历史表明，日本是近代历史上给中国造成灾难和伤害最严重的国家，日本军国主义对中国犯下的法西斯罪行罄竹难书！

二

伟大的抗日战争是一场抗击日本军国主义侵略的正义战争，是一场改变中国命运的民族解放战争。

沧海横流，方显英雄本色。面对日本的疯狂侵略，中华儿女团结御侮，展开了一场气壮山河的民族解放战争。为实现国家独立和解放，中国各民族、各阶级、各党派、各社会团体、各界爱国人士、港澳台同胞和海外侨胞，在抗日民族统一战线旗帜下同仇敌忾，共赴国难，义无反顾地投身到这场决定国家前途、民族命运的抗日战争中，以巨大的民族牺牲筑起了反侵略战争的血肉长城，在夺取抗战伟大胜利的征程中锻造了以爱国主义为核心的伟大抗战精神。

这场战争是在中国共产党倡导的以国共合作为基础的抗日民族统一战线旗帜下展开的。1931年日本发动九一八事变后，由于蒋介石国民党政府采取“攘外必先安内”的方针，致使中国东北迅速沦陷。中国共产党率先号召全国人民武装抗日，直接推动和主导了东北人民的抗日战争。在民族危亡面前，中国共产党提出建立抗日民族统一战线的正确主张，和平解决西安事变，为全国共同抗战奠定了基础。1937年7月全国抗日战争爆发后，国共合作，共赴国难，正式形成抗日民族统一战线。全国抗战初期，国民党抗战比较积极，其领导的正面战场是抗击日军战略进攻的主战场，广大官兵付出了巨大牺牲。中国共产党提出唯一正确的全面全民族的抗战路线和持久战的战略总方针，共产党领导的抗日武装挺进抗日前线，开辟了独特的敌后战场。敌后战场与正面战场相互配合，构成对日军两面夹击的战略格局，粉碎了日本速战速决、灭亡中国的图谋。1938年10月武汉失守后，全国抗日战争进入战略相持阶段。随着日本战略重点向其占领区的转移和对国民党诱降方针的实施，国民党虽然坚持了继续抗战的方针，实施了一些较大规模的战役战斗，但从总体上看，其抗战逐渐趋向消极，反共摩擦逐渐增多。中国共产党继续高举抗日民族统一战线的旗帜，坚持抗战、团结、进步的方针，维护了团结抗战的局面。中国共产党把抗日游击战争提高到战略地位，开展大规模群众性的游击战争，抗击了日军主力，发挥了重大的战略作用。广阔的敌后战场愈战愈强，逐渐上升为中国抗战的主战场。1943年夏秋开始，全国抗战进入战略反攻阶段。八路军首先在华北敌后揭开了局部反攻的序幕。1943年10月和1944年5月，中国驻印军和远征军在缅北、滇西也开始了反攻作战。1944年春，日军发动打通大陆交通线的“一号作战”。由于国民党当局继续奉行消极避战方针，致使正面战场出现了豫湘桂作战的大溃败。敌后解放区战场连续发起局部反攻作战，大量消灭日、伪军，收复了大片国土。中国驻印军和远征军在缅北、滇西的反攻作战，收复了缅北、滇西广大地区。从1945年8月9日开始，中国解放区战场对日、伪军展开大规模全面反攻，直至取得最后胜利。8月15日，日本宣布无条件投降。9月3日被定为中国人民抗日战争胜利纪念日。

抗日战争的伟大胜利，一举收复了甲午战争以来被日本侵占的全部国土，改变了中国自近代以来饱受帝国主义列强欺凌的屈辱地位，一扫近百年屡战屡败的悲观阴霾，重新找回民族的自尊自信。曾经雄踞于世界东方的古老中国，在世界反法西斯战争中重新确立了大国地位。抗日战争也改变了中国社会政治力量的对比，中国共产党发挥了全民族抗战的中流砥柱作用，取得了人民的信赖和支持，从而为建立新中国和实现中华民族的伟大复兴创造了有利条件。

历史把伟大的中华民族推到世界反法西斯战争的最前列。

毛泽东指出：“我们的敌人是世界性的敌人，中国的抗战是世界性的抗战。”中国的抗日战争，是世界反法西斯战争的重要组成部分和东方主战场，不仅攸关中华民族的前途命运，而且攸关人类社会的前途命运。在世界反法西斯战争中，中国抗日战争开始时间最早，持续时间最长，抗击和牵制日军最多，付出代价最大，对彻底战胜日本法西斯起到了决定性的作用。

中国首先揭开了世界反法西斯战争的序幕。日本率先发动侵略中国东北的九一八事变，打破了第一次世界大战后的世界格局，在东方形成第一个战争策源地。中国人民打响了世界反法西斯战争的第一枪。

中国开辟了世界反法西斯战争的东方主战场。日本发动卢沟桥事变，开始了以灭亡全中国为目标的全面侵华战争，中国人民展开全国性抗日战争，开辟了世界上第一个大规模反法西斯战场。中日全面战争的爆发，标志着法西斯与反法西斯的矛盾开始上升为世界主要矛盾，标志着第二次世界大战的爆发。

中国始终抗击和牵制着日本陆军主力，制约着日本的“北进”和“南进”，保障了同盟国“先欧后亚”大战略的实施。中国还派出远征军开赴缅甸，与盟军共同对日作战，并且为盟国提供了大量战略物资和军事情报，直接参与和支持了同盟国的反法西斯斗争。

中国还积极倡导和推动世界反法西斯统一战线的建立，并为创建联合国和构建战后世界和平秩序做出了历史性的贡献。太平洋战争爆发后，中国积极促成国际反法西斯统一战线的正式建立，继续发挥着东方主战场的作用。中国还参与联合国的创建，成为联合国五个常任理事国之一，为最后打败法西斯发挥了重大作用。

伟大的中国人民在抗日战争中创造的辉煌业绩和不朽精神，

将永远镌刻在近代中国和世界反侵略战争的史册上，永远放射出灿烂的光芒。

四

铭记历史，以史鉴今，是当代人的历史责任。中国抗日战争暨世界反法西斯战争已经结束70年了，但人们仍强烈地呼唤对那场战争的集体记忆和历史思考。

当今世界，在人们高唱和平与发展主旋律的时候，总有那么一些不和谐的音符，不时发出鼓噪声。长期以来，日本一些右翼势力和政要顽固坚持错误的战争史观，极力否认和美化日本军国主义侵略战争的罪行，一再参拜供奉有甲级战犯的靖国神社，还不断修订历史教科书篡改侵华历史。这种泯灭人类良知的行为，理所当然地遭到中国和世界爱好和平人民的强烈反对。

中国抗日战争的胜利，成为中华民族告别衰败、走向复兴的转折点。为铭记历史，踏寻先烈追求中华民族伟大复兴的足迹，在实现中国梦的征途中奋勇前行，人民出版社黄书元社长倡议并组织全国各地人民出版社共同编辑出版《中国抗日战争全景录》，以图文并茂的形式再现中国抗战波澜壮阔的历史图景，全面反映中国抗日战争的壮丽景象，隆重纪念中国抗战胜利70周年。这是非常值得称道的远见之举！

这套《中国抗日战争全景录》系列图书，由人民出版社承担总述卷，主要记录全国抗战的全貌，记录抗日民族统一战线的倡导、建立、曲折经历和中国共产党及其领导的军队在抗日战争中的中流砥柱作用；各省区市人民出版社承担的其他各卷，主要记录各省区市行政辖区内各党派、各阶层、各团体、各界人士的抗战言行及其影响，广大军民顽强抗击日本侵略的英勇事迹等。

在编写过程中，出版社和作者认真负责，不辞辛苦，克服了各种困难，查阅收集了大量的历史资料和照片图册，吸取了抗战研究的最新成果，使用了不少新发现的档案资料和文史资料，其中不乏历史价值高、表现力强的图片资料，体现了思想学术的前沿性。

本书面向普通读者，在编写过程中作者努力做到既忠实于史实，又注重文字的生动性、可读性。采用史话叙写与图说相结合的方式，按时间顺序，以场景、事件陈述为主干。既有对大背景、大事件、大场景的高屋建瓴的叙写，又有对作为细节的典型或代表性事件、人物、言论等的点睛勾勒，体现了完整性与生动性的统一、思想性与知识性的统一。

在短短几个月时间内，人民出版社协同地方人民出版社精心组织，认真编辑，优选图片，创新设计，科学编排，打造成了图文并茂、印制精美、收藏价值高的精品佳作。这是为广大干部和群众进行以爱国主义为核心的抗战精神教育提供的一份好读物，也是为纪念中国人民抗日战争暨世界反法西斯战争胜利70周年献上的一份厚礼！

2015年5月20日

前　言

1931年，日本军国主义悍然发动九一八事变，占领中国东北全境；1937年，又蓄意制造七七事变，发动了全面侵华战争。七七事变的炮声，震撼了中华大地。抗击侵略、救亡图存成为各党派、各民族、各阶级、各阶层、各团体以及海外华侨华人的共同意志。在中国共产党倡导建立的以国共合作为基础的抗日民族统一战线的旗帜下，地不分南北，人不分老幼，全国人民戮力同心，义无反顾地投身到抗击日本侵略者的洪流之中。

自古以来，广西便是战略要地，是连接西南、华南、华东以及海外的交通枢纽和打通中国大陆由北至南的交通线，是外敌进占中国西南以及中南半岛的必争之地。抗战期间，日军曾两次入侵广西。第一次是1939年11月至1940年11月，日军自钦州湾登陆后，侵占了广西南部的23个县市。第二次是1944年9月至1945年8月，日军自湖南和广东方向对广西发动了全面进攻，侵占了广西的75个县市。日军的两次入侵，使广西80个县市局饱受蹂躏。仅据1946年广西省政府的不完全统计，日军入侵广西期间，全省被杀害的民众（不含军队）有21.08万人，加上军队阵亡及因伤病死亡者，全省死亡人数不下100万，全省房屋被炸毁、烧毁达314394间，全省公私财产损失达8728.13亿元。广西的桂林、柳州、梧州三大城市，以及在日军入侵中首当其冲的桂全、柳黔、邕宾、邕钦、邕龙沿线的不少城镇和村庄，由于日军疯狂的烧杀抢掠而造成空前劫难，以至精华尽毁，元气大伤。

1936年6月1日，以李宗仁、白崇禧为首的新桂系与广东陈济棠以国民政府西南政务委员会和国民党西南执行部名义，呈文国民党中央及国民政府，吁请准予两广出兵抗日。史称“六一事变”、“六一运动”或“两广事变”。在两广事变中，广西进行了相当深入的抗日宣传和大规模的军事动员，为一年后的抗日总动员打下了较好的思想基础和群众基础。

全面抗战爆发后，中国共产党高举抗日民族统一战线旗帜，把国民党桂系作为中共中央开展统一战线的重要对象。桂系是国民党内有影响的地方实力派。尽管桂系与蒋介石国民党中央政府在阶级利益上是一致的，但彼此之间又存在诸多矛盾。抗日战争前期，在日本帝国主义加紧侵略，民族危机空前严重的情况下，桂系表现出了抗日的积极性，赞同中共中央的抗日主张，也希望与中共建立合作关系，以便从中提高自己的地位，与蒋介石抗衡。根据这种情况，中共中央及中央南方局制定了争取和团结桂系的方针。中共广西组织坚决贯彻上级的指示，在极其艰难的条件下，积极配合做好对桂系的统战工作，促使桂系在广西采取了符合中共抗日主张的措施，如开放民众运动，保障抗战自由，组织、训练和武装民众，成立抗日团体，发动群众制定抗战公约，组织学生军，等等，从而使广西的抗战一度出现生气勃勃的局面。与此同时，中共广西省工委根据中央的决定，向各地党组织发出了准备开展抗日武装斗争的指示，要求各地党组织动员和组织群众，进行抗击日军入侵保卫家乡的武装斗争，在敌后开展游击战，建立抗日根据地。广西各地党组织迅速行动起来，在桂东北、桂西北、桂东南、桂中和桂南等地，组织了30多支敌后抗日武装队伍，总人数达到7000人。这些抗日武装力量活跃在广西20多个县市，对入侵日军发动攻击，仅1944年秋至1945年夏的8个月内，就消灭日军1300多人。在全省各地，村民自发起来袭击日军的斗争也十分活跃，从而使入侵广西的日军陷入人民战争的汪洋大海中，发出了“在广西无法立足”的哀叹。

广西各族人民素有热爱祖国、抵御外侮的优良传统。在抗日战争中，这一优良传统得到升华，化为广西爱国青年踊跃参军、广西军队争赴前线杀敌、广大民众积极支前的具体行动。抗战初期，广西由于远离前线，没有受到战争的直接威胁，首要的任务就是出兵抗战。桂系当局在全省征兵，得到热烈响应。在抗战全面爆发的头两年里，广西共输送兵员34万，8年内总共征调100万兵员，以补充部队和组建新军。在全国各省中，广西输送兵员总数仅次于四川，而按省内人口所占比例则为全国第一。广西军队一部分出省抗战，驰骋于华东、华中战场，先后参加了上海、徐州、武汉、随（县）枣（阳）、枣（阳）宜（昌）等地对日会战；一部分留守广西，参加了桂南会战、桂柳会战和收复广西作战。广西军队能吃苦，作战勇敢，遵守纪律，整体素质较好。在全国正面战场的多次重大战役，包括台儿庄战役、昆仑关战役中，广西军队以敢打敢拼的顽强斗志和悲壮惨烈的牺牲精神为世人所瞩目。在抗日战争中，由广西自行训练和组建的两个空军飞行教导大队，列入了中央政府的统一指挥，1937—1938年两年内，共参加省内外大小19次对日空战，取得了击落敌机23架的骄人战绩。在广西军队中，还有一支特别的队伍，这就是以知识青年为主体的学生军。桂系当局为了满足男女青年请缨上阵的要求，以及基于战地宣传、救护、慰劳等工作的需要，于1936年6月、1937年10月和1938年11月组织了3届学生军，总人数4000多人。其中第2届学生军曾开赴抗战前线，活跃在河南、安徽、江苏、湖北战场。第3届学生军则分成3个团，分赴桂东南、桂中南和桂南等地，进行抗日宣传动员，足迹遍及全省数十个县。他们通过出色的宣传发动，极大地激发了人民群众抗日热情。学生军中的一大批共产党员和进步青年逐渐成长为中国共产党和人民解放军的各级干部。

八路军桂林办事处的建立和桂林抗日文化活动的蓬勃开展，书写了广西抗日战争史中光辉的一页。1938年11月，中共中央决定在桂林设立第18集团军办事处（八路军办事处），对国民党桂系开展统战工作，推动抗日救亡运动的开展，以及做好抗战急需物资的转运工作。周恩来、叶剑英等中央负责同志曾多次到桂林，指导八路军桂林办事处的工作，并亲自做桂系上层的统战工作，有力地推动了第二次国共合作在广西的发展。在武汉、广州、香港相继沦陷后，广西暂时成为抗战的后方。当时，桂系当局对桂林的抗日救亡运动和抗战文化活动一度采取了比较开明的态度。在这样的背景下，一批文化人从内地及香港的沦陷区来到桂林。他们积极进行各种创作活动，大力开展文化救亡，促成了桂林抗战文化的空前繁荣。

广西民众在抗日战争中的积极性，不仅表现在踊跃参军、英勇杀敌方面，还表现在积极参加战时各种劳役服务，巩固后方，支援前线方面。抗战期间，广西共动员和组织民工200多万人次投入各种劳役，参加修筑公路、铁路、机场及担任往前线输送物资的任务，从而保证了西南国际交通运输线的畅通，使同盟国美国、苏联以及中国的空军能够以广西的空军基地为依托，投入对日空战，给日军以重创，为抗日战争的胜利创造了条件。

在抵御日本法西斯侵略的战争中，具有光荣革命传统的广西各族人民，前赴后继，浴血奋战，谱写了抗击日本侵略军的英雄篇章，同时也培育和造就了广西抗战的伟大精神。桂系集团的首领都受过现代教育，具有较高的民族情感和爱国情怀，是“焦土抗战”理论的首倡者。在民族严重危亡时期，“焦土抗战”口号的提出，体现出了坚强的民族精神和不屈的抗战精神。正是因为具备这样的思想基础，新桂系把政治、经济、文化纳入战时体系，进行了一系列的抗日活动。广西的军队中涌现出像淞沪会战中壮烈殉国的夏国璋，随枣会战中饮弹报国的钟毅，桂林保卫战中英勇牺牲的陈济桓、阚维雍、吕旃蒙等一大批爱国将领。还有一大批广西红军在中国共产党领导的敌后游击战场上英勇抗击日军。八桂儿女英勇抗击日军的光辉事迹，气壮山河，永载史册。

历史的脚步已悄然远去，回首这段悲壮的往事，我们更加坚定地热爱和平，更加执着地追求正义，更加珍惜来之不易的大好发展局面。当前，以习近平为总书记的党中央绘制了民族复兴的美好蓝图，具有光荣革命传统的广西各族儿女将继续发扬伟大的抗战精神，在实现民族复兴的康庄大道上顽强拼搏，艰苦创业，为共圆中华民族伟大复兴的中国梦而努力奋斗！

目录 CONTENTS

一

奋起抗战

七七事变的炮声，震撼了中华大地。在中国共产党倡导建立的以国共合作为基础的抗日民族统一战线的旗帜下，地不分南北，人不分老幼，全国人民戮力同心，义无反顾地投身到抗击日本侵略者的洪流之中。八桂军民奋起“焦土抗战”。在桂南昆仑关，爱国将士浴血鏖战，气壮山河；在桂柳会战中，桂林守军惨烈阻击，血铸忠魂。中共广西组织秉持民族大义，高举团结抗日旗帜，机智应对顽固派反共逆流，英勇抗击侵桂日军，彰显八桂抗战洪流的中流砥柱作用。

（一）“六一运动”

1932年以来，两广地方实力派拥立胡汉民与南京政府对峙，处于半独立状态。1936年6月1日，陈济棠、李宗仁在广州召开国民党西南执行部、西南政务委员会联席会议，向国民党中央党部和国民政府发出呈文，陈述日本步步进逼，民族命运已至生死关头，吁请对日宣战。同时将两广部队改称为“中华民国国民革命抗日救国军”，陈济棠为总司令，李宗仁为副总司令，宣布“北上抗日，收复失地”。6月2日，西南执行部和西南政务委员会联合向全国发出“冬电”，要

1936年6月3日，广西各界民众抗日救国会在南宁成立。图为成立后游行队伍

求国民党中央领导抗日，并号召国民党两广各级党组织以及民众团体通电响应。陈济棠、李宗仁还派代表分赴山东、山西、陕西、四川、贵州等省联络，拉拢各地方实力派襄助。6月3日后，广西当局连日操纵组织抗日示威游行、集会，声势浩大。6月4日，由陈济棠、李

1936年6月3日，南宁小学生参加群众大游行

宗仁领衔，两广将领数十人联名向国民党中央党部、国民政府军事委员会发出“支电”，表示拥护“冬电”的立场和主张。6日，第四集团军总部、广西省政府饬令所部总动员，并令中等学校以上师生组织起来，分赴各地进行抗日救国宣传。6月8日至10日，粤、桂军集结10多个师北上湖南郴州、永州等地。蒋介石急调两个军到衡阳，阻止粤、桂军北上，并令其他蒋系军队迅速集中武汉，向衡阳推进。一时两军对峙，剑拔弩张，战事大有一触即发之势。

此后，双方各施手段，讨价还价。其间，大批文化界、新闻界人士被桂系邀请来广西，桂系在舆论上占了上风。6月13日，蒋介石以国民党五届二中全会决议的名义，撤销西南“一部两会”，同时免去陈济棠本兼各职，以余汉谋代之。15日，陈济棠、李宗仁在广州召开紧急会议，否决蒋的决议案，并成立抗日救国军第一、第四集团军联军，由陈、李分任正副总司令。两军共约30万人。面对僵局，蒋介石故技重演，用金钱官职收买陈济棠部下。7月6日，粤系将领余汉谋、李汉魂、邓龙光等被收买，通电反陈（济棠）拥蒋。18日，陈济棠被迫下野，离穗赴港。李、白决定苦撑危局。25日，蒋介石以国民政府令，免去李宗仁、白崇禧广西绥靖正副主任任职。李、白拒绝此项罢免令，并电请李济深来邕主持抗日反蒋大局。月底，蒋介石在广州组建委员长行营，调集近50万大军从广东、湖南、贵州三面进逼广西。这时，中共中央派代表云广英（当时化名林秀先）向李、白提出“逼蒋抗日”的建议。桂系当局衡量得失，表示接受，对蒋的态度趋于缓和，通电表示，如蒋真抗日，广西将竭诚拥护。但其仍不甘示弱，继续扩编军队，在边境地区陈兵布阵。蒋介石则步步进逼，但面临全国日益高涨的抗日呼声，受到各方面的很大压力，加上此时在西北“围剿”红军的张学良、杨虎城已接受中共建议，双方停止敌对行动，因此蒋介石不敢轻举妄动。8月，蒋桂双方频频互派代表进行谈判、协商，谋求事变和平解决。经过讨价还价，又有各方抗日派的劝和，双方终于“和解”。9月14日，李宗仁、白崇禧发表和平通电，表示服从中央领导。至此，蒋桂军事对峙结束，两广事变和平解决。

在“六一运动”中，李、白为了扩大政治上的影响和增强维持后方的治安力量，白崇禧采纳共产党人谢和赓“组织学生军开展抗日宣传和防蒋防奸工作”的建议，号召广西初中以上学校的青年学

1936年9月，两广事变和平解决，李宗仁赴粤谒蒋介石共商救亡之策。图为李宗仁（前排右二）抵粤时与欢迎者黄绍竑（前排右一）、余汉谋（前排右三）等合影

生参加学生军。各地初中、高中和在武鸣集训的全省高中毕业生、广西师专等学校学生，爱国热情很高，志愿到南宁报名参加学生军。6月27日，由广西学生抗日救国联合会和广西师专学生发起组织的“中华民国国民革命军广西抗日救国学生军”（史称广西第一届学生军）在南宁成立。是日，举行成立暨誓师大会，有2万多名学生参加。共招收到学生军700余人，其中女生60余人，编为1个大队，周竞任大队长，谢和赓任政治指导员。大队下设5个中队（每个中队相当于连的编制），每个中队设中队长1人，特务长1人，司书1人，辖3个分队（相当于排的编制），每个分队设分队长1人，辖3个小组（相当于班的编制），每个小组设正副组长1人，学生15人左右。中队长、分队长均由军官担任，小组长由分队中挑选优秀学生充当。学生军28日开赴桂林，后分赴湘桂边、粤桂边、黔桂边等地从事抗日救国宣传。不到一个月，李、白将学生军改名为学生

代電　批示

事由：據學生救國聯合會呈請編練學生軍應照准令附編練大綱[illegible]仰各知照並希查照由

擬辦

附件

發電機關：中華民國國民革命抗日救國軍第四集團軍總司令部　廣西省政府代電

[illegible]字第一六八三號

中華民國廿五年七月　日發

廣西省黨部勳鑒：廣西學生抗日救國聯合會、各軍、副監、督、各縣政府、西大、師專、各省立高中、初中、職中、各女師、簡師、鄉師、國民中學、各初級職業學校[illegible]：廣西學生抗日救國聯合會呈稱：[illegible]國勢阽危，[illegible]不保，[illegible]請准予編練學生軍，以禦外侮事。切以任務日深，國脈垂絕，救亡圖存，唯有抗戰。本省各地學生救國會憤外侮之熾，感國亡之無日，紛紛呈請組織抗日救國學生軍，實行對日抗戰。屬會竊思對日抗戰為我民族唯一生路，青年學生乃社會之中堅，亟應實際參加救亡運動，茲經屬會研討，再四業將學生軍編練大綱草擬完竣，懇請鈞座即予核准施行等情到部。請纓救國，壯懷殊堪嘉許，所請應予照准。合將編練大綱隨電發仰各該[illegible]即由各校長大隊長分別轉飭所屬各生一體知照。凡志願參加者統限七月卅日前報由各校轉給本部，俟派員檢驗編練，仰各知照，希轉查照。宗仁、崇禧、旭初叩[illegible]令白、省主席黄　卅會印

附學生軍編練大綱一份

中华民国国民革命抗日救国军第四集团军总司令部、广西省政府颁发学生军编练大纲的代电

第一届学生军女生

军团，由第7军军长廖磊兼任学生军团司令，司令部设在南宁一中。

在学生军的带动下，全省有40余所中学成立了抗日宣传队。宣传队员跋山涉水，深入城镇、乡村以至边远山寨，开展抗日宣传，使全省迅速掀起了抗日救亡的高潮。9月，两广事变宣告结束，学生军即行复员。

“六一运动”推动了蒋介石政府“攘外必先安内”政策的转变，促进了地方实力派与中国共产党的抗日联合，运动为广西创造了一个有利于进步力量发展的环境。运动中桂系大力扩充军队，由原来14个团增加到44个团，为一年后的抗日战争总动员打下了较好的思想基础和群众基础。

（二）中共与桂系达成抗日协议

两广事变发生之前，中共中央曾几次派干部到广西与桂系联络，进行统战活动。1935年，派宣侠父（当时化名宣古渔）到香港工作。宣经常到广西进行活动，取得白崇禧的信任，后来担任广西绥靖公署上校参议，以公开合法的身份，继续做白崇禧等上层人物的统战工作，推动他们联共抗日。同年，中共中央调曾任抗日将领吉鸿昌秘书的谢和赓（中共党员）到广西。谢到广西后，也取得白崇禧的信任，被白崇禧调到身边任机要秘书。尔后，谢和赓在周恩来、董必武的直接领导下，坚守这个工作岗位。在两广事变中，宣、谢都进行了推动桂系抗战的工作，因此，李宗仁、白崇禧于两广事变发生后即派刘仲容到中共中央北方局联系，寻求支持。中共中央对此事变也极为关注。6月8日，毛泽东以中华苏维埃共和国中央政府主席的名义，向红色中华社记者发表谈话，称赞此次事变“勇敢的单独来抗日并打倒南京的屈辱外交，这是值得庆幸的壮举”，指出“西南抗日反蒋的军事行动，客观上是革命的与进步的行动”，表示“准备在军事上及其它各方面给予西南以各种可能的援助”。12日，又发表了《中华苏维埃人民共和国中央政府，中国人民红军革命军事委员会为两广出师北上抗日宣言》，声明我们“对两广爱国军人爱国同胞表示敬意和拥护，并首先愿意同两广当局缔结抗日联盟共同奋斗”。宣言还谴责了蒋介石南京政府诬蔑两广当局，以武力威胁两广的罪恶行为。中国共产党的主张是停止内战，一致对外，建立广泛的抗日民族统一战线，把日本帝国主义赶出中国。为此，中共中央派云广英（化名林秀先）以红军代表的名义到广西做桂系上层的统战工作。云广英于7月下旬抵达南宁后，先后会见了李宗仁、李济深等人，表明中共中央对事变的态度，阐明中共“停止内战，逼蒋抗日”的方针。李宗仁表示赞同中共的主张。

云广英（1905—1990），广东文昌（今海南文昌）人。1929年12月参加百色起义，任红七军经理处股长、处长，1935年11月任红军大学政治部组织科长

桂系在两广事变中得到中共的大力帮助，感到有必要订立一个文字协定便于今后配合行动，所以事变一结束，李、白即拟定抗日救国协定草案，派钱寿康带赴延安。9月22日，毛泽东复信李济深、李宗仁、白崇禧说：“具悉贵方情形及所示协定草案，谋国伟画，无任钦迟。……贵我双方订立抗日救国协定，

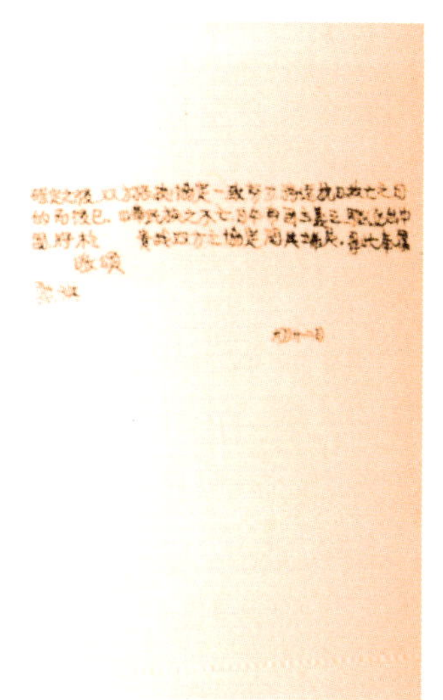

1936年9月22日，毛泽东致函李济深、李宗仁、白崇禧商定抗日救国协定，指出：“当前急务，在于全国范围内停止内战一致对日。”称：“贵我双方订立抗日救国协定，实属绝对必要。”图为该信抄件

张云逸（1892—1974），广东文昌（今海南文昌）人。1929年12月在广西参与领导百色起义，任红七军军长，1936年12月任中共中央革命军事委员会委员

实属绝对必要。兹对贵方所提草案各条，略有修改……一俟确定之后，双方根据协定一致努力，务达抗日救亡之目的而后已。中华民族不亡，日本帝国主义之驱逐出中国，将于贵我双方之协定开其端。”1937年5月，中共中央派中共中央革命军事委员会委员张云逸到华南进行统战工作。6月12日，张云逸到桂林与李宗仁会谈，李宗仁又介绍四川刘湘的代表张斯可参加会谈。6月下旬签订了《红、桂、川三方联合抗日纲要草案》，共七条，主要内容为：“（一）以巩固和平统一、实现民主政治、抗日收

复失地为目的；（二）召开国防会议，应充分接收各方抗日领袖的主张；（三）树立抗日旗帜，扩大宣传；（四）开放民众抗日运动，改善人民生活，释放政治犯；（五）努力国民会议制宪运动和指定代表名额分配于各党派；（六）抗日力量彼此间之互助；（七）如各方同意此纲领，即组织共同纲领之机构，此种组织乃系以充分力量推动中央领导抗日为任，不得含有分裂民族统一战线的意味。”

这个纲领草案拟订后，张云逸即电告中共中央。7月14日，毛泽东电复张云逸，指出在国家存亡和国民党、蒋介石转变政策关头，我党与桂、川各方应诚意拥护蒋氏与南京政府的抗日政策，不可有牵制之意，并促请桂方向粤、港、沪联络，推动各方做好抗日救亡实际工作。张云逸将毛泽东的复电向李、白做了转达。

张云逸此行，对促使桂系增强与共产党联合抗日的决心与信心，促使桂系拥蒋抗日，起了积极作用。7月17日，蒋介石在庐山发表谈

毛朱周

1、我第二次与李总司令談話原則上均已一致必須我与他几个高級干部具体討論拟出方案如何巩固和平統一实现民主和实现抗战以及决定对蒋妥协原則等此方案决定于經高級决定后即根据此方案分途配合到各方联絡

2、正在討論方案請电示方針

云逸

一九三七年六月 銑

张云逸就与李宗仁、白崇禧两次会谈的情况写给中共中央领导人的电文。1937年5月中旬，张云逸受中共中央派遣抵达香港，领导华南地区的抗日统战工作。同年6月至8月，张云逸赴桂林与李宗仁、白崇禧多次会谈，达成了合作抗日协议

话，表示抗战决心。7月21日，李宗仁、白崇禧即通电表示拥护。

这个纲领草案的签订，也使中共和西南两个有影响的地方实力派有了抗日的协约关系，开创了地方实力派同中共明订抗日协定的先河。

（三）组建第5路军

1937年2月23日，国民政府军事委员会发文特派李宗仁、白崇禧为第5路军正、副司令，李品仙为参谋长。4月1日，李宗仁、白崇禧以及各将领就任第5路军各职，国民政府特派军政部参谋总长程潜赴桂监督。七七事变后的两个月内，第5路军共编成3个军，除原第7军、第15军（改称第48军）外，另成立第31军，组成第11集团军北上参战。第11集团军总司令李品仙、参谋长何宣，第7军军长廖磊、副军长周祖晃、参谋长张淦，下辖第170师（师长徐启明）、171师（师长杨俊昌）、172师（师长程树芬）；第31军军长刘士毅、副军长覃连芳、参谋长韦布，下辖第131师（师长覃连芳兼）、135师（师长苏祖馨）、138师（师长莫德宏）；第48军军长韦云淞、副军长张义纯、参谋长刘清凡，下辖第173师（师长贺维珍）、174师（师长王赞斌）、176师（师长区寿年）。第175师（师长莫树杰，后隶属第46军）留守广西。第11集团军原定参加徐州的防守。8月中旬，第48军首先挥师北上，抵武昌时，正值上海战事吃紧，于是奉命东下增援。10月，第7军抵海州布防，第31军进驻徐州附近。不久，第7军又奉调增援上海。10月中旬，李宗仁赴徐州就任第五战区司令长官。以第7军及第48军另编为第21集团军，归第三战区，廖磊升任第21集团军总司令，李品仙升任第五战区副司令长官仍兼第11集团军总司令，周祖晃任第7军军长。1939年3月，第5路军总司令部撤销。

1937年8月中旬，广西民众集会，向出征的第五路军献“焦土抗战，还我山河”旗帜

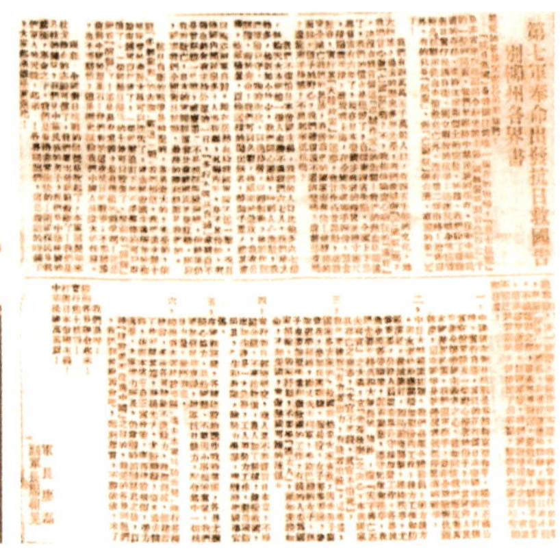
第七軍奉命出發抗日救國告別柳州各界書

1937年9月1日《（南宁）民国日报》刊载的《第7军奉命出发抗日救国告别柳州各界书》。告别书中说：“本军全体官兵奉命出发，雄兵数万，浩浩荡荡开赴前线，和敌人决一雌雄。”

1937年9月，广西部队开赴华中抗日前线

二

北上抗日

全面抗战的八年，广西的主力部队北上抗日，转战在华东、华中前线，参加了淞沪会战、徐州会战、武汉会战、随枣会战、枣宜会战，取得重大战果。桂系首脑人物李宗仁任第五战区司令长官，坐镇华中，指挥几十万军队，与日军血战；白崇禧任军委会副总参谋长，参与国民党中枢决策，与抗战同始终。

（一）参加淞沪会战

全面抗战开始，日军的主攻方向在华北，上海只有1万多名海军陆战队员。1937年8月，日军制造虹桥事件，挑起淞沪会战。8月13日，中国军队反击。这是规模很大、战斗最惨烈的一次会战。日军一再增援，调集9个陆军师团和一部分海军陆战队，重炮300门，战车200余辆，飞机200架，舰艇数十艘，最高兵力达30万。中国方面调集十几个军50多个师，累计兵力达70万。除中央军外，有湘军、川军、粤军、桂军、闽军、东北军，各地都派出最好的部队参战，谱写了一曲中华民族团结御侮的颂歌。

1937年8月，日军攻击上海，淞沪会战爆发。中国军队勇猛奋战3个月，壮烈牺牲15万余人。图为白崇禧以副总参谋长身份巡视淞沪前线

淞沪会战历时3个月，广西军队到达时已是后期。9月30日，中国军队退出上海市区，转移到蕴藻滨以南建立阵地，这里是水网沼地，一片平坦，土筑工事经不起轰炸和炮击，战壕涌水，将士日夜泡在泥水中，十分艰苦。此时我方空军已失去战力，炮兵白天不敢发射，夜晚又找不到目标，中国军队完全以血肉之躯阻挡日军的海陆空联合进攻。10月上旬，日军集中到第一线的兵力已达6个师团，企图从中央突破，强渡蕴藻滨，猛攻南岸大场。中国军队招架不住，正在危急之际，广西第48军和第7军171师到达上海，指挥部即计划发起强大反攻，以48军为主力，由黄港北候宅、淡家头杀出，腰击蕴藻滨南岸之敌，各守备部队也组织1至3个突击队，于19日黄昏全线出击。

1937年10月中旬，桂军增援部队到达上海

19日晚，战地一片漆黑，48军的173师（师长贺维珍）、174师（师长王赞斌）按计划出击，像离弦之箭，猛扑敌盛宅、桥亭宅、顿悟寺阵地，前进一两公里。然该地是敌人的主攻方向，集结有大量兵

力、坦克和大炮，遂演变为大规模的遭遇战。日军飞机、大炮轰击，坦克冲出阵地，步兵跟上。我敢死队围住坦克投手榴弹，争相攀登，厮杀了一夜，双方伤亡惨重。21日我军全线停止进攻，固守原阵地。22日勉强支持住阵地。23日晨，日军靠飞机、炮兵掩护，施放烟幕，我军误为毒气，全线混乱，阵地被敌突破，旅长庞汉桢中炮殉国。在前线监战的戴笠电报蒋介石说："173师战斗力甚强，纪律亦佳，唯意气高傲，友军派兵往联结反而发生误会。该师自担任陈家行一线以来，仅注意敌进攻时之出击，而忽略防守时之工事构筑。"

上海会战中待命出击的桂系军队

48军176师10月19日赶到前线，该师是收编19路军官兵重建，为第5路军的直属师，原定留守广西，但师长区寿年坚决请求上前线，李宗仁同意他和175师对调。区师长用19路军上海抗战的光荣历史激励官兵，号召重归故地立新功。该师后到，成了48军的预备队，接守173、174两师的阵地，从23日到25日3天中，同日军机械化部队反复争夺阵地，团长谢鼎新、褚兆周、蔡乾琨以下80多名军官殉国，士兵剩下一半，可见战斗之惨烈。25日日军攻陷大场，26日中路军全部退到苏州河南岸，48军也撤到沪杭铁路以南，在施相公庙构筑阵地警戒。11月8日，日军又在金山咀登陆，企图攻击苏州河南岸守军的侧背。9日晚中路军撤退，11日青浦、白鹤港又失，左路军不得不同中路军同路向吴福线撤退，因人多途塞，秩序大乱。处此险境，48军以疲惫残破之师，出守大仓支塘，阻击日军的登陆部队，打了3天，伤亡近千，成功地掩护了10多万大军撤退。

第7军杨浚昌171师先头团于10月11日到达上海，归胡宗南第1军指挥，13日出战收复友军的阵地，廖磊以桂军旗开得胜，通报全军嘉奖。16日，该师接替胡宗南部的阵地，扼守蕴藻滨南岸洛阳桥两侧，该处是棉花地，溪流纵横，只能挖立射散兵坑（壕）和构筑掩体，该师却坚持战斗达10天。每天从早到晚，日机在顶上盘旋，先是轰炸炮击，接着坦克开路，步兵跟上。我军亦静伏工事内，待炮击

淞沪会战桂军炮兵发威

过后，即冲出战壕迎敌，第二线部队赶上加入战斗，将日军击退。如此轮番进攻和逆袭，每日数次，晚上日军不敢出动，我军则修补工事，组织突击队出击。该师1021团3营阵地被敌坦克和步兵攻入，因炮火猛烈，后援部队上不去，官兵同敌坦克搏斗，损毁2辆，杀死大量敌人，而营、连、排长全部牺牲，只剩下士兵二三十名。1022团是第一线部队，团长负伤，3个营长阵亡，班长李达愚抱着集束手榴弹同敌坦克同归于尽，该团官兵也伤亡2/3。511旅旅长秦霖在这里指挥作战，中弹阵亡。10月26日，该师奉命撤出战斗，转移到嘉定作掩护部队。

11月5日，日军第10军3个师团在杭州湾北岸登陆，威胁淞沪守军的退路，还可沿京杭路迂回南京。统帅部急调在徐州东海布防的第7军170师、172师赶来南京布防。11月中旬，日军第6师团企图沿太湖南侧前进，拦截向浙江省撤退的淞沪大军。18日，第7军奉命乘汽车急运到长兴、吴兴占领阵地，以徐启明170师守吴兴，程树芬172师守长兴，布置4道纵深防线。但敌机竟日轰炸扫射，新兵初上阵，缺乏对付飞机的经验，日军攻势又猛，两翼迂回，七八辆坦克直冲中央阵地，将士冒死蚁集，爬上战车用手榴弹轰击，仍抵挡不住。26日敌陷吴兴、长兴，徐、程两师溃散，退往泗安收集队伍。是役阵亡170师副师长兼旅长夏国璋、团长韦健生，以及营、连、排长多人，部队损失一半。团长李发临阵逃跑，被枪决。

上海会战结束，48军自宜兴退下，第7军从吴兴退下，两军会合于浙江西部山区休整待命。其时日军占领杭州，进攻南京，敌情严重，需急速整编部队，随时准备应战。因减员严重，两军各伤亡1万多人，每师缩编2个团，每团缩编2个营。虽然战败，两军士气不馁，沿富春江向杭州方向警戒。廖磊饬令每团组织20名便衣队，进行游击战演习，为今后作战之用。隆冬时节，官兵还穿着从广西带来的单衣短裤，病倒不少，五路军后方办事处在武汉赶制5万套棉衣运到浙西，使将士得免于冻馁。广西后方加紧征兵，年底输送第一批新兵10个团，供各部补充缺额，恢复战斗能力，士气为之大振。1938年2月，津浦路吃紧，21集团军奉命归还第五战区建制，经九江渡过长江，在安徽合肥集结待命。

广西军队出征江、浙、赣、皖，保持着良好的军纪军容，获得人民的热烈欢迎和支持。

（二）激战台儿庄及徐州会战

第五战区的作战区域在黄河以南、长江以北的津浦铁路沿线，包括山东全省和江苏、安徽北部。1937年12月13日南京沦陷后，12月23日，北线日军第10师团在济阳至青城之间强渡黄河，徐州会战拉开序幕。从1937年12月至1938年5月，中国军队在以徐州为中

1938年3月，淮南大战，第五路军参谋长李品仙（左）亲赴前线视察

心的广大地区同日军展开大规模的会战。但当时日军没有立即西进，而是解除右侧翼的威胁，打通华北、华东两大战场的联系，然后再进攻武汉，于是战争的重心转移到以徐州为中心的津浦铁路沿线。

1.津浦路南段阻击战

南京沦陷后，日军渡江占领了扬州和滁县，津浦路门户洞开，李宗仁急调在东海布防的31军到淮南，分守合肥、定远、明光、凤阳，隔着池河与日军对峙。日军发动打通津浦路战役的第一阶段（1938年1—2月），是南攻北助，华中的日军第13师团沿津浦铁路北进。1938年1月18日，31军依托池河沿河工事顽强阻击，渡河之敌被消灭千余，激战多天，守军也伤亡过半，工事全毁，明光失守。30日池河镇陷落，敌继续北进。李宗仁下令炸毁蚌埠淮河铁桥，把驻防青岛的于学忠51军调到南段扼守铁路沿线；命31军西撤，保持对铁路的威胁；又令21集团军火速渡江。2月1日，日军13师团自明光、池河公路进攻，51军投入战斗，敌先头部队陷临淮关，大队继进，攻势甚猛。2日，51军放弃蚌埠，退守淮河北岸。31军则由红心铺、凤阳侧击，将敌切为两段，鏖战两日，毙敌于铁路甚多。敌出动飞机和援军进行反扑，31军被迫放弃红心铺和凤阳，退到定远、刘府、考城一带，仍保持着能进出铁路。

2月8日至10日，日军从蚌埠、临淮两处强渡淮河，屡败屡渡，终于闯过淮河，51军在北岸猛烈反击，激战两昼夜，伤亡2000余人，力暂不支。张自忠率59军于13日赶到，激战一周，渡河日军大部被歼，后路又被我军切断，遂逃回南岸坚守。先是2月6日，21集团军从江南赶到合肥，待日军渡淮北犯时，周祖晃第7军由定远、红心铺冲出铁路线，切断了敌人的后方运输。韦云淞48军协同31军猛

1938 年 2—5 月，桂军在津浦路南阻击日军。图为第 48 军韦云淞军长（左三）在淮河前线指挥作战

攻刘府、考城，蚌埠，毙敌1000多人，击毁战车10余辆，一度收复凤阳、考城。31军某营渡湖夜袭敌铁路据点上窑，三堡破其二，缴获甚多。在铁路东面盱眙一带，新四军和五合等县保安队乘机克服明光、张八岭、沙河集，大举破坏铁路。敌人据点被包围，铁路被切割，补给困难，伤亡五六千人，南段之敌再不能越雷池一步。

2.台儿庄战役

津浦路南段阻击战的胜利，粉碎了敌人南攻北助的计划，迫使其改为北攻南守。3月14日，日军右翼第10师团濑谷支队由邹县以南的两下店进攻滕县（今滕州）。守军第122师师长王铭章赶赴滕县守卫。激战两昼夜，王铭章及2000余名官兵壮烈牺牲。17日晚，滕县沦陷。3月20日，濑谷支队沿枣庄支线向台儿庄突进，企图攻占徐州。23日，日军向台儿庄发动进攻，次日晚突入台儿庄城东北角，随即被中国军歼灭。26日，日军装甲车向台儿庄猛攻，国军第31师师长池峰城率部分兵力猛攻敌背后，另一部在庄内展开激战。同时，汤恩伯军团在峄城、枣庄附近，消灭了前来增援的日军。4月6日，第五战区司令长官李宗仁亲赴台儿庄指挥作战。战至7日夜，日军大部被歼，其余残部向峄城、枣庄撤退，中国军收复台儿庄，取得了台儿庄大捷。台儿庄大捷历时近20天，以伤亡近2万人的代价，击溃敌精锐部队第5、第10师团主力，歼敌万余。台儿庄大捷是抗战以来中国军队在正面战场取得的一次重大胜利，有力地打击了侵略者的嚣张气焰，极大地鼓舞了全国人民的抗战士气。

1938年3月24日，台儿庄大战期间，在陇海前线督战的蒋介石（中）、李宗仁（左）及白崇禧（右）

台儿庄大战胜利后，李宗仁在台儿庄火车站留影

从3月到5月，南线敌人在桂军3个军的威慑下，基本上不敢出动，李宗仁才把张自忠、于学忠两部转用于北线，这就使北线敌人陷入孤军深入的绝境，给我军造成台儿庄歼敌的有利条件。桂军某将领答记者说："设若没有广西军队在淮河南岸阻击，敌机械化部队两天就能冲到台儿庄，其结果可能不一样了。"

台儿庄大战期间，李宗仁、白崇禧采纳了周恩来的建议："在津浦路南段，采取以运动战为主，游击战为辅的联合行动，运动于辽阔的淮河流域，使津浦南段的日军时刻受到威胁，不敢贸然北上支援南下的日军；同时在徐州以北，必须采用阵地战和运动战相结合的方针，守点打援，以达到各个击破的目的。"

3.蒙城阻击战

台儿庄的硝烟未散，4月7日，日本大本营下令会攻徐州，时间定在4月下旬。于是，日军华北、华中两个派遣军调集13个师团约30万大军，对徐州做四面大包围。蒋介石被胜利冲昏头脑，毫无察觉，要在徐州进行大决战，于是源源调军队来徐州。徐淮地区三面受敌，只有西面连接内地，李宗仁深知形势不利，不主张增兵决战，但统帅部调兵遣将，无可奈何。

4月下旬，日军开始行动，第5、第10师团恢复战力后转入反攻，占领台儿庄和临沂，从北面威胁徐州。土肥原第14师团渡过黄河，进入鲁西济宁地区，占领郓城、菏泽，从西南面外线包围。另有一路日军在连云港登陆，占领海州、郯城，从东面进逼徐州。5月上旬，津浦路南段日军出动，第9师团和井关机械化部队，冲破淮河防线，沿涡河出蒙城、阜宁。蒙城在徐州西南90里，是徐州大军的退路。事前中方截获日军文件，得知其袭击蒙城的行动计划，廖磊飞调

48军173师副师长周元率凌云上团于5月7日抢占蒙城，构筑工事御敌。8日晨，日军大队到，三路攻城。蒙城城小墙薄，经不住日机轰炸和炮击，城墙倒塌，一片火海，日军战车和步兵冲进城内，守军英勇反击，浴血巷战。到9日凌晨，守军退守北关一角，周元发电报急，廖磊回电说，蒙城关系重大，李长官嘱死守，援兵即到，望与城共存亡。周元阅电毕，日军战车已突入北门，他命令凌团长率剩下的100多人冲出重围，自己留下与城共存亡，全团官兵2000多人壮烈殉国。蒙城保卫战，血战3昼夜，歼敌1000余人。虽然最终蒙城沦陷，但它迟滞了日军对徐州的包围，为李宗仁主力部队转移赢得了时间，意义非常重大。在周元将军壮烈殉国后第4天，中共中央机关报《新华日报》发表《悼周元副师长》的短评。1938年广西省政府在桂林

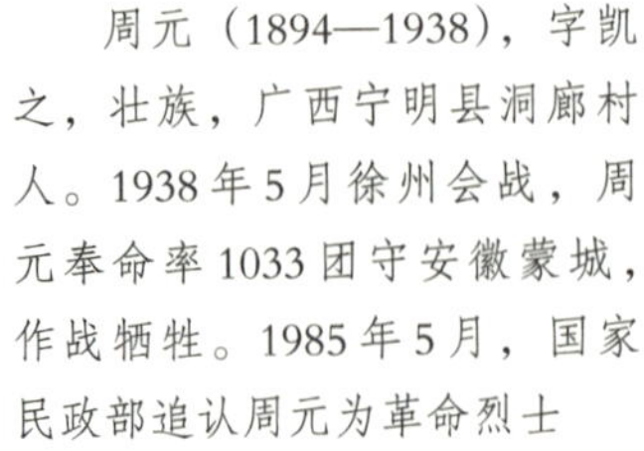

周元（1894—1938），字凯之，壮族，广西宁明县洞廊村人。1938年5月徐州会战，周元奉命率1033团守安徽蒙城，作战牺牲。1985年5月，国家民政部追认周元为革命烈士

“功在保城”——蒙城阻击战纪念章

市南郊建“故陆军中将第一七三师副师长周元抗日阵亡纪念塔”，塔正面有李宗仁的“成仁取义”的题词，塔下有周元将军衣冠冢。

4. 徐州会战

日军占领南京后，华北日军与华中日军为了打通津浦路，沟通华北和华中的联系，由津浦路南北两端同时向徐州进攻。中国国民政府军委会和第五战区长官部早在1937年10月就制订了保卫徐州的作战计划：一方面固守黄河天险和苏北、东海及胶东半岛沿海，阻止华北日军南下侵犯或从海上登陆，同时调集部队集结徐州。1938年2月，

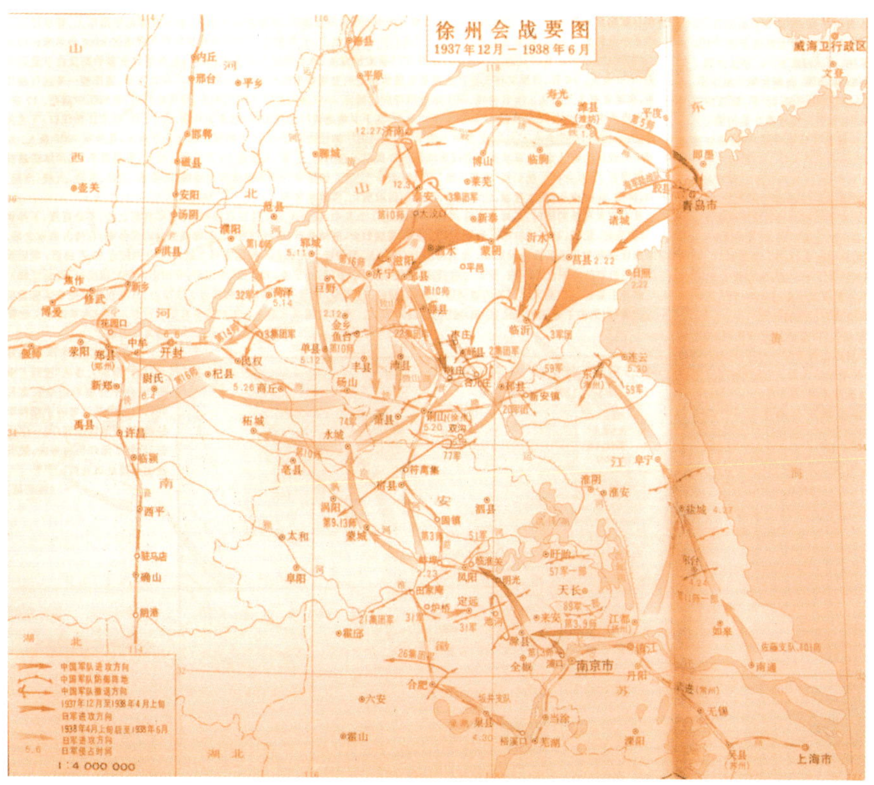

徐州会战要图

日军板垣征四郎第5师团企图以主力沿胶济路西进，至淮县折而南下，夺取临沂，从东面包抄徐州。李宗仁命令庞炳勋部在临沂建立防御阵地，并调派张自忠的第59军驰援。在张自忠和庞炳勋的内外夹攻下，日军坂本支队大败，我军收复台儿庄。台儿庄战役后，日军大本营为迅速消灭中国军队主力，决定由南北两路夹击徐州。5月5日，日军开始从南北两个方面向徐州西侧迂回包围。在南面，日军连陷蒙城、永城，向萧县、砀山、宿县进攻。在北面，日军连陷郓城、单县、金乡、鱼台后，从河南濮阳南渡黄河，攻陷山东菏泽、曹县，直插河南兰封。中国军队12个师的豫东兵团在薛岳指挥下于兰封地区对抗日军土肥原贤二部（第14师团）的进攻作战，最后迫不得已掘开花园口黄河大堤，意图以此阻滞日军进攻，史称兰封会战。至5月中旬，日军完成了对徐州的包围，中国军队面临全军覆没的危险。

1938年初，徐州会战期间的广西军队里的卫生队女兵

为保存实力，中国军队主动撤离徐州。5月19日，日军占领徐州。徐州会战历时5个多月，给日军以重大杀伤，并取得了台儿庄战役的重大胜利，对粉碎日军“速战速决”的狂妄计划，鼓舞全民坚持持久抗战具有积极意义。徐州会战是广西军队北上抗日光辉的一页。

（三）奋战江北保卫武汉

1. 武汉会战

武汉会战是抗战防御阶段规模最大、时间最长、歼敌最多的一次战役。日军占领徐州后，即制订了攻取武汉的作战计划，由华中派遣军司令官畑俊六指挥，参战兵力达25万余人，海军和航空兵均参加了会战。国民政府军委会也制订了以保卫武汉为核心、在外围发动运动战以消耗敌人赢得时间的作战计划。1938年6月，第一战区主力调至长江两岸布防。同时成立以陈诚为司令长官的第九战区负责长江南岸的作战。李宗仁第五战区负责大别山地区作战。在会战中，中国方面先后投入124个师、2个骑兵旅、7个野战炮兵团、3个要塞炮兵团，共75万人，蒋介石亲任作战总指挥。6月12日，日军占领安庆，武汉会战打响。日军攻占桐城、潜山后，南京到武汉的第一道防线——马当封锁线直接暴露在日军的攻击下。24日，日军开始进攻马当。至26日，马当要塞失守。7月26日，日军占领九江。8月22日，华中方面日军分南北两路向武汉进攻，武汉会战全面展开。

为了阻止日军从江北进攻汉口，根据第五战区代司令长官白崇禧

武汉会战期间的桂军

意见，桂系第21集团军部署在大别山南麓，依托大别山，坚守潜山、太湖、宿松、黄梅公路，准备侧击敌人。此时，南路方面，日军波田支队沿长江西进，至10月，日军逼近武昌。中国军队采取外线配合内线的运动战方针，成功消灭和消耗日军有生力量，延迟了日军推进速度。9月21日，日军以第106师团和第101师团各一部孤军深入至德安西面万家岭地区，妄图从背后偷袭我军。中国军队采取运动战，将敌人围困。10月7日，中国军队发起总攻。经过激战，占领万家岭、雷鸣鼓等地，史称万家岭大捷。北路方面，7月24日，日军第11军第6师团从安徽潜山向太湖进攻。25日，日军兵分两路进攻太湖，一路从潜山经太湖八池、刘羊，遭桂军第31军138师阻击，双方伤亡七八百人以上。26日，另一路日军第6师团牛岛支队从怀宁石碑经太湖徐家桥向宿松进攻，遭桂军第31军131师阻击，战斗激烈，双方互有伤亡，广西军队牺牲64人。26日中午，太湖县城失守，城内桂军官兵100多人全部牺牲。至8月3日，日军先后攻占宿松、黄梅等地。中国军队展开反攻，一度收复太湖、潜山、宿松。但在日军反击下，被迫向广济撤退，并在广济以东与日军展开激战。9月17日，广济、武穴沦陷。29日，田家镇要塞失守，日军直逼汉口。

大别山方向，8月20日，日军第2军从合肥分南北两路进攻武汉。第五战区分别在六安、霍山地区，富金山、固始地区，商城、麻城地区，潢川地区，信阳地区组织防御。南路方面，在富金山至商城一带阻击战中，中国军队歼敌1000余人。在南打船店、沙窝地区，守军凭借大别山各要隘，激战多日，日军以伤亡4000多人的代价才突破大别山地区防线。至10月25日，占领麻城。北路方面，日军第10师团于8月28日突破守军防线攻占六安后，强渡淠河和史河。9月6日，张自忠的第59军在潢川一带与敌激战多次，击退敌人进攻。由于日军使用化学武器，造成守军重大伤亡。17日，日军占领潢川，21日占领罗山。10月12日，信阳失守，平汉路被切断。至10月中下

向田家镇西方黄石港行动的日军

甸，武汉外围要塞均为日军突破，武汉三镇处于三面包围之中。10月24日，国民政府军委会下令放弃武汉，日军26日占领武昌、汉口，27日占领汉阳，武汉会战结束。武汉会战历时4个多月，国民党军事当局制定的“以持久之抗战争取我之时间”的战略方针初步得到了体现和实施，国民政府得以把沿江地区重要工业设施内迁至西部，为进行长期抗战奠定了物质基础。中国抗日战争至此进入战略相持阶段。广西参加武汉会战的部队有张淦的第7军、韦云淞的31军、张义纯的48军和覃连芳的84军，由廖磊指挥，作战地点在大别山。因大别山无战事，这4个军先后投入长江北岸的主场，同其他友军一起，历经太湖、宿松之战，黄梅、广济、田家镇之战。

2.黄梅、广济会战

1938年6月初，桂军84军开到前线，驻在广济附近构筑阵地守卫。31军131、138两师控制着太湖县西北高地，俯视着潜山至太湖的公路。7月26日，日军占领太湖县，向宿松进犯，太湖至宿松45公里，日军用6天时间才打通。8月2日，日军进攻宿松，刘汝明的68军放弃宿松，退守黄梅。沿太宿公路西进，便是鄂东黄梅、广济。广济战略地位重要，南面是长江要塞田家镇，往西沿长江上浠水、黄冈达汉口。刘汝明军是西北军，不习惯在湖沼地带作战，水土不服，作战不甚得力。日军便衣队装成难民，混进黄梅城内，8月3日，日军第3师团两个联队，骑兵100余人，炮20门，汽船200艘，伪军3000人，袭陷黄梅，继陷孔垅镇。8月14日，桂军84军第一次反攻黄梅，188师担任主攻，攻势很猛，伪军望风而逃，桂军冲到离城三四华里处。敌人从西南方向迂回，84军因兵力不足，被迫撤退。

8月28日，桂军176师师长区寿年指挥6个团和一个野炮营，第二次反攻黄梅，激战两昼夜，占领了离城5里的魏家凉亭，敌从两翼冲出，被击退回原阵地。潜、太、宿被我军收复，日军黄梅后路断绝，但因为黄梅是进击广济的前进基地，日军死守不退，待援军和物资源源不断到达，黄梅的日军增至1个师团和1个旅团，便转入全线反攻。军委会下令第五战区确保广济，84军189师在黄梅城北5华里的大洋庙山口布置主阵地，188师推进到双城驿一线，川军王瓒绪部则在大洋庙山口至宿松一带布防。8月31日，日军分几路纵队全线进攻，攻击重点在大洋庙山口，先以炮兵和飞机猛烈轰击，继以骑兵领头冲锋。我军阵地坚固，火网严密，士气高涨，大量杀伤日军。晚上日军偷袭，也被我军肉搏击退。经两昼夜反复争夺，大洋庙阵地依然在我军手中。第三天日军转攻188师大河铺阵地，从中央突破，导致我方全线崩溃。日军突破84军阵地后，向黄广公路挺进，占领双城驿、后湖寨等要地，广济危急。9月5日，我军组织反攻，

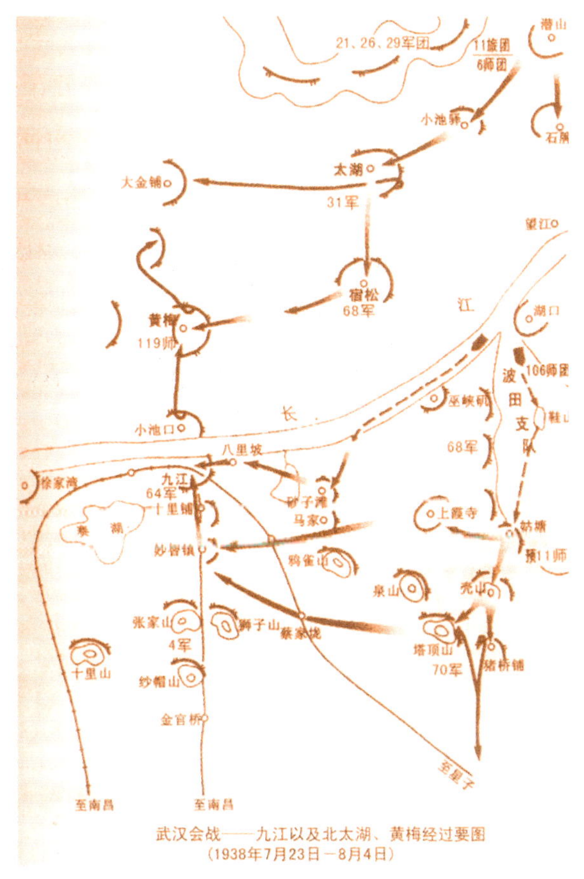

太湖、黄梅作战经过要图

广济攻防战的中国士兵

189师收复双城驿，31军反攻后湖寨不克。6日，日军仍全线猛攻，迫近广济，何知重86军撤出，敌遂占领广济城。

黄广之役历时一个月，日军遭到沉重打击，伤亡近万人。桂军84军和48军176师也伤亡一半，其他友军亦伤亡1/2到2/3。广大官兵连日苦战，以南瓜做饭，以塘水为饮料，用手巾做防毒面具，特别是广西新建的84军，一上阵就打硬仗，实属难能可贵。

（四）广西空军编入中央空军

当广西陆军浩浩荡荡开赴华中、华东前线时，广西空军也悄然北上抗日，创造了令人瞩目的战绩。

1931年，两广联盟反蒋，广西获得短期偏安局面，新桂系成立广西航空局，筹备成立空军，向社会招考了3期飞行、机械人员，每期30人，第一期委托广东航校代培。1934年成立广西航空学校，自行训练，还采取派出去（到英国、香港、日本学习）、请进来（聘请广东、英、日教练）的办法。飞机、器材购置，先依靠英国，后依靠日本，还创办柳州飞机修理厂。空军基地设在柳州，在武鸣、都安、融县辟建一批辅助机场。到1936年编成两个飞行教导队，有飞行和各种技术人员七八十人，有英制、日制各式用途型号的飞机60多架。这些飞机都是过时淘汰的，缺乏零件，坏了即废。1936年，两广事变，航校校长林伟成等粤籍飞行员开走4架飞机投蒋；日籍教官全部辞退。

广西创建空军几年，投入经费达1500万元，等于广西一年国民收入的1/3。广西地瘠民贫，百业待举，难筹巨款，于是发行航空公债，规定全省公职人员分期扣一个月的薪金作股本，又在全省田赋中加征若干成作民航股本，全省人民节衣缩食，兴办国防。而投考空军

1938年，翱翔于漓江之空，追逐敌人“荒鹫”之广西神鸟群

的青年，是在高中毕业生和大学生中百里挑一，他们受着九一八事变民族危机的刺激，投笔从戎，以身许国，思想觉悟和战斗热情非常高涨。

抗战爆发，广西人民用血汗创建的空军无条件交给国民党中央政府统一指挥，第一飞行教导队（驱逐机）编为中国空军第3大队第7、第8两个中队，第二飞行教导队（侦察、轰炸）编为空军直属第32、第34两个中队。广西航校并入中央笕桥航校（初迁柳州，后迁昆明）。柳州飞机修理厂移交给航空委员会，改为第七飞机制造厂。

1937年8月24日，驻在南宁的第7、第8中队奉命徒手到南京报到，大队长李凌云（灵川人）率领24名飞行员乘汽车北上，沿途歌唱校歌："看！华夏江山被寇，要与列强奋斗，为国杀敌去，勇气贯长虹……"歌词激越，曲调悲壮。车过黄沙河，队员们回头行了一个军礼，向抚育他们的广西表示告别。到了武汉，接电要到西安接收苏联援助的飞机，等了几个月都无消息。空军机关见广西飞行

1938年，日机时常肆虐南天，广西空军健儿随时戎装待命，发现敌踪，即起而应战

员土里土气，没有“飞将军”的派头，要进行甄别裁减。第7中队长吕天龙（陆川人，印尼归侨）不接受甄别，提出比武，他和第8中队长陆光球（田东人）出马，将中央空军的“泰斗”缠斗得招架不住，被迫承认广西空军技术过硬，全体编入序列，并安排到襄阳机场接受苏式驱逐机训练。广西飞行员驾驶过多种飞机，很快掌握了苏机的性能和驾驶方法。1938年1月初，他们到兰州接收苏联E-15型驱逐机24架。

第7、第8中队奉命北上参战时，第32、第34中队留在广西继续训练。第32中队开到南宁接收第7、第8中队留下的飞机，第34中队驻武鸣。1938年1月8日上午和下午，日军分别有14架和12架飞机空袭南宁，留守南宁的第32中队队员蒋盛祜、韦鼎烈、马毓鑫、吕明在副队长韦一青率领下驾驶5架飞机起飞迎击，展开激烈空战。这是广西空军第一次与日军空战，我机以少胜多，以旧击新，以1∶3的代价取得胜利战果。在下午的空战中，飞行员蒋盛祜在追击日机的过程中所驾飞机被日机击中，在跳伞降落时又被日机扫射，身负重伤坠落邕江，虽被南宁军民奋力救起，但因伤势过重，在送医院途中牺牲。南宁军民感念蒋烈士杀敌殉国，保卫城市，特举行追悼大会公祭，各界送了很多挽联，其中蒋母、蒋妻两联，深明民族大义，感情真切动人：

蒋盛祜（1913—1938），广西兴安人，广西航校二期飞行班毕业，中国空军第3大队32中队少尉飞行员，1938年1月8日在南宁空战中阵亡，追赠中尉

蒋母联云：“危险早在意中，差幸儿志竟成，教孝教忠，总算不

1938年，广西空军完成任务归来之际

负我生平愿望；修短虽由数定，只恨敌氛尚炽，为民为国，惜未能留汝缓死须臾。”

蒋妻联云：“恩爱福难消，说什么夫贵妻荣，三载同食成幻梦；事畜责未了，若不为姑衰子幼，九泉聚首已多时。”

1938年3月初，第7中队驻孝感，第8中队驻信阳，正式参加战斗。这时，鲁南战情紧急，日军矶谷师团南下滕县、峄县，进逼台儿庄，第五战区司令长官李宗仁要求空军支援，以鼓舞士气。争夺鲁南制空权的任务由第7、第8中队承担，飞行员们也乐意支援广西老乡，经研究把驱逐机改装成在两翼携带8个小炸弹，以河南归德（商丘）为出击基地。

3月18日，大队长吴汝鎏率领第7、第8中队9架飞机于15时50分出击滕县、峄县敌方阵地，两个中队轮流俯冲轰炸，日军遭此一击，慌作一团，车辆燃烧，骡马狂奔，敌兵四窜。袭击完毕，我机飞过我军防地，摇翼致意，陆军将士走出战壕，举枪欢呼：“空军万岁！”返航时，迎面遇到日军3架重型轰炸机，无异送肉进口，我机四面夹攻，把3架日机全部击落。返回归德机场，发现司马森驾驶的飞机“失踪”，原来他追赶一架敌侦察机到临城，被地面炮火击断手指，他仍坚持把敌机击落，后天黑油尽，迫降于徐州体育场，孙连仲的部队把他作为英雄来款待。李宗仁也打电话来慰问，祝贺空军大获全胜。

何信（1913—1938），号德璋，广西桂林人，1932年考入柳州航空学校，曾留学日本。中国空军第3大队第8中队上尉副队长，率队参加鲁南会战，身负重伤，驾机撞向敌机，同归于尽。新中国成立后，人民政府追认其为革命烈士

25日晨，吴大队长率领第7、第8中队14架驱逐机袭击枣庄日军司令部和滕县韩庄的日军阵地，掩护我军反攻。完成任务后返回归德，同18架日军战斗机群相遇，发生第一次归德大空战，击落日机6架，把骄横的日军加藤中队打垮，飞行员韦鼎峙击毙日军王牌飞行员、“勇名遍皇国”的川原幸助中尉。但广西空军也遭到了第一次重大损失，被击落飞机5架，第8中队副队长何信、分队长莫休，第7中队分队长李膺勋3人牺牲，负伤3人。其中第8中队副队长何信，牺牲前有信给妻子说：“……假如你的人儿命短，那末好妹妹，你不要伤心，要把球儿带大，直到为父报仇、为国雪耻为止。球仔一定会讲嘴了，不要教他先学喊妈妈，应该教他先会讲‘抗

莫休（1912—1938），阳朔人。中国空军第3大队第8中队分队长。1938年在鲁南协同陆军作战，不幸被敌机击中牺牲。1986年，广西壮族自治区人民政府追认为革命烈士

梁志航（1914—1938），原名梁护昌，广西宾阳人。1934年考入广西航空学校，中国空军第3大队第7中队上尉飞行员。1938年在第二次归德空战中壮烈殉国。国民政府军事委员会授予“空军烈士”称号。1986年11月27日，广西壮族自治区民政厅追认其为革命烈士

日’两字，记着，记着。”4月10日，我军围歼台儿庄日军，第4大队（中央空军）出动飞机8架，苏联志愿大队出动飞机6架，第3大队第7、第8中队出动飞机10架，组成机群飞往台儿庄支援步兵作战。第7中队长吕天龙低空追击敌侦察机，被高射机枪击伤多处，他强撑着把飞机开回归德机场，成了血人，经抢救脱险。我机群完成任务返航至归德上空时，遇日机两批27架拦击，展开第二次归德大空战，击落日机5架。第7中队飞行员梁志航在人乏油少的情况下，俯冲敌阵，打乱日军战斗机队列，击落日军“驱逐之王”加藤健夫大尉中队长座机，而他自己也不幸被日机击中，身负重伤，无法返航，毅然与日机相撞，同归于尽。第3大队共损失飞机3架，牺牲2人，负伤1人。

在武汉会战中，发生了一系列的空战。4月29日是日本天皇生日，叫“天长节”，日军准备在那天出动50架飞机轰炸武汉，给天皇献礼。我方调集苏制驱逐机50多架迎战，以苏联援华志愿大队为主力，抽调第3、第4、第5大队的飞机参战。第3大队第7、第8中队经过两次归德大战，人机损失很大，只抽得8架飞机和7名飞行员参战。正在医院养伤的第8中队飞行员江秀辉（蒙山人）闻讯，逃出医院参战。他登上飞机，机场医生说他伤口未愈合，不予同意，但拗不过他，只好给他包扎严实，让他上天。当天日轰炸机群飞到黄冈，不

广西空军人员合影

待掩护的驱逐机群到来，就闯进市区，我方预设在不同高度的3个编队机群立即发起攻击，日轰炸机没有掩护，被我方击落29架，我方亦损失12架，其中第3大队击落日机3架，重伤1架，广西参战的飞机8架安全着陆。这是抗战以来空战的最大胜利，武汉人民召开祝捷大会，慰劳空军，日军经此重创，相当长时间不敢进犯武汉。

留守南宁的第32中队，4月间到衡阳接收英制驱逐机（简称格机）10架，移驻桂林二塘机场训练。5月，该中队拨入第3大队，朱家勋接任中队长。7月8日，32中队奉命移驻汉口，时各大队连续作战，人机残缺，战力大减，该队便成了生力军，担负武汉空中主要作战任务。

7月16日10时，日机40架袭击武汉，当发出警报时，日机多架已临空，情况危急。第32中队副队长韦一青率格机5架冒险起飞，击落敌机2架，己方也损失2架，优秀飞行员莫更（蒙山人）牺牲。

8月3日，日机50架第三次进犯武汉，采取战斗机伴随轰炸机的办法，从芜湖飞来。我方按机种编成，派一个战斗机群迎击，一开始便冲散敌机群，日机来不及投弹就纷纷逃窜。是役击落击伤日机7架，仅第32中队就击落3架。

日军进攻武汉，以长江和南岸为主攻方向，逐步迫进。另外用空军猛烈轰炸广州和粤汉铁路，破坏我国输进作战物资，因而驻武汉的广西空军经常奉命去南线执行任务。

1938年5月，日军一艘航空母舰，载机30多架，进泊珠江口外的大灶岛，欲起飞袭击广州。国民党空军当局计划炸沉该舰，调集苏联志愿大队、第1大队、第3大队（由朱嘉勋率6架苏制驱逐机加入）约50架飞机，秘密南下，16日晚进驻广州，17日凌晨出击，而日舰因事先获得情报已开到远海躲避，我机搜索两天不遇，即炸毁大灶岛日军军事设施而回。

黄莺（1912—1938），原名黄廓，宜山人，广西航校第二期飞行班毕业。抗战爆发后，任空军第3大队第8中队少尉队员、分队长。1938年7月18日，在南昌上空与日机空战殉国。追赠中尉

7月，南浔铁路争夺激烈，蒋介石调苏联志愿大队、第4大队驻南昌，威胁西进之敌。11日，第3大队第8中队亦从汉口调往南昌，中队长陆光球率机7架驻樟树机场。18日晨，日机20多架突袭南昌，陆队长率广西飞行员驾机4架飞到南昌参战，发现日机4架从东面闯入，9架绕到西面偷袭机场。陆光球、莫大彦迎击东面4机，日机1架同苏机相撞坠毁，苏联飞行员跳伞得救。陆、莫击落、击伤日机各1架。黄莺在另一角窥察战机，发现1架日机追击1架苏机，情势危急，他立即俯冲到日机尾后攻击，苏机因而

得救，但黄莺却被另一日机从他的机后射击，壮烈殉国。黄莺在归德两次空战中，都居高观察，发现有敌机迫追友机，立即俯冲赴援，因这时敌机全神贯注于前面的“猎物”，却忘“黄雀”在后，最易被击落，他用这种方法曾击落敌机4架，救过2名战友。这次他救的是苏联志愿大队的领队巴比洛夫上校。上校集合南昌机场官兵讲话，说中国飞行员舍己救人的伟大精神，使外国人深受感动。他还到汉口面见蒋介石，说黄烈士是中国空军的典范。英雄虽出在杂牌军，但蒋介石也觉得脸上有光彩，下令优恤厚葬。

第7、第8中队作战半年，伤亡减员严重，调中央航校教官徐燕谋任第3大队副大队长，黄昌琳、陈业干为分队长。第7中队又领得7架苏制新机，实力得到恢复。当时日机滥炸粤汉铁路，8月15日，第7中队奉命从武汉移驻衡阳，负责保卫铁路和机场。18日，日军重型轰炸机27架从芜湖起飞，绕过江西入湘，目标是轰炸衡阳机场。徐燕谋率第7中队7架驱逐机和第25中队3架美制霍克机凌空截击，日机尽管笨重，但以“品”字密集队形前进，构成四周强大射击火力网，我驱逐机发起几轮攻击，击落日机1架，两架冒烟，日机群乱了又聚，一面迎击，一面轰炸机场，停在机场待修的几架飞机被毁，我机跟踪追击被击落、击伤各1架。

日机连日轰炸琶江铁桥，企图切断粤汉铁路军运。8月29日黄昏，大队长吴汝鎏率“八桂正义之剑”（第32中队队名）的9架格机飞越五岭，降落在粤北南雄机场。次早得报日机两批从大灶岛“加贺”号航空母舰起飞，向南雄方向飞来。我9架格机当即起飞搜索前进，巡视琶江铁桥没有敌踪，飞回南雄却发现日驱逐机12架，我机居高临下，一直占据上风。激战20分钟，又有日驱逐机12架来到投入战斗，我机寡不敌众，转为劣势，但我飞行员士气高涨，勇打狠斗，拼搏了两个小时，击落日机7架，而我方也损失格机7架。大队长吴汝鎏、分队长马

马毓鑫（1909—1938），桂林人，回族。广西航空学校1933年第一期飞行班毕业，留校任飞行员、分队长等职。七七事变后，任中国空军第3大队32中队分队长，驻防南宁。1938年8月30日在广东南雄上空与敌机激战，迫降于南雄城南河堤上，飞机撞翻，为国捐躯。新中国成立后，人民政府追认其为革命烈士

毓鑫壮烈殉国，中队长朱嘉勋等5人负伤，这是广西空军作战时间最长、战斗最惨烈的一次空战。

9月初，苏联援华志愿队奉命回国，第8中队接收该队留下的17架苏式驱逐机，连同原有5架，共有飞机22架。8日奉命从南昌移驻衡阳，同第7中队一起，由副大队长徐燕谋领导，两队飞行员20多人，飞机近30余架，力量相当强大。想不到一场横祸飞来，某天，第7、第8两中队飞行员20人在机场执勤，到了傍晚乘汽车返回驻地休息，当路过铁路时，与一列前进中的火车相撞，分队长欧阳森、陈业干殉职，飞行员13人负伤，第3大队丧失了作战能力。

南雄空战和衡阳车祸后，1938年秋，第3大队奉命飞到四川梁山整训，大队部地勤人员移驻柳州。梁山驱逐机总队是训练补充机构。这期受训的第3、第5大队及15独立中队，全是两广杂牌军，因长年激战没有补充，每中队只有一两人，他们对“中央”的排挤歧视甚为不满，但抗战意志不懈。11月某日，日机9架轰炸梁山机场，正是陆光球值班，他自任领队，率备队飞机11架升空迎战，打得敌机一架架冒烟逃窜。交战地点正在县城上空，老百姓忘了“走警报”，站在街上欢呼雀跃。事后得报，敌机在汉口起飞时9架，返航只有3架。

1939年11月，兰州驱逐机总队派第3大队副大队长陈瑞钿（广东人，旅美华侨）、第32中队中队长韦一青、飞行员唐绪光到桂林接收3架修好的格机。适逢桂南会战，桂林空军司令部请准把他们3人及飞机留下，以柳州机场为基地，以武鸣、都安、融县机场为支点，进行“空中游击”，伺机袭敌，打了就跑，来去无踪。12月初，日机轰炸桂林，返航经过柳州，有几架日机落伍，被他们击落1架。12月下旬，昆仑关战斗激烈，他们驾机前往支援，对日军据点、帐篷、车辆俯冲轰炸扫射，日军四处逃命，对我地面部队鼓舞很大。此时，第8中队副队长陈业新到柳州工厂接收修好的1架苏机，也自愿留下参加“空中游击”。

12月27日，苏联志愿队3架轰炸机到昆仑关助战，我方2架格机和1架苏驱逐机奉命护航，刚到昆仑关上空，即遭敌机多架从高空俯冲攻击，展开空战，苏联轰炸机乘混乱之机迅速向敌军阵地投弹，完成任务后返航。我3架驱逐机舍不得走，利用转弯性能好，与敌机拼搏，无奈敌众我寡，激战20分钟，韦一青座机被奇袭中弹，因高度过低，无法跳伞，人与机坠落于敌我两军阵地中间。地面友军奋力将遗体夺回，举葬于柳州羊角山空军坟场。陈瑞钿飞机起火跳伞烧伤，

韦一青（？—1939），容县人。广西航校第一期飞行班毕业，中国空军第3大队第32中队中队长。1938年，率队击落入侵南宁的日机3架，参加武汉会战。1939年在昆仑关战役中牺牲。1987年，广西壮族自治区人民政府追认其为革命烈士

陈业新机坏迫降受伤。韦一青是南宁首次空战指挥员，也是广西空军最后一次空战的殉国者。此战以后，广西空军不再作为一个独立建制单位，而广西的空军人员仍在各个战斗单位中参加抗日作战。

综计广西空军参加抗战两年，转战南北，参与大小战斗19次，击落敌机23架，空战阵亡15人，负伤18人，因公殉职17人。

（五）奔赴前线的第二届学生军

1937年9月，广西军队北上抗日后，为了配合广西军队的抗日宣传，10月12日，广西当局决定组建第二届广西学生军。中共广西省工委认为，组建学生军北上抗日，有利于发展抗日民族统一战线和争取抗战胜利，因而指示广西各地党组织动员党员和爱国青年学生积极参加。参加这届学生军的有广西各地大中学校学生约300人，其中有中共党员10人。

学生军组建完毕后，先在桂林李家村集中训练两个月。军事训练的内容是学习防空、防奸知识，训练射击技能及急行军、强行军、夜

广西学生军在桂林李家村集训

从桂林步行出发

行军、野外演习等。女学生军还加学战地救护常识。政治训练的主要内容是如何开展宣传、动员、组织、培训群众参加抗日。训练期间一项重要的内容就是学习普通话，组织漫画组、歌咏组、戏剧组、口头宣传组、文字组等，做北上抗日的准备工作。

1937年12月14日，学生军离开桂林，开赴前线。这天，桂林各界在桂林体育场举行了盛大的欢送会，街道两旁人山人海，锣鼓喧天，鞭炮齐鸣，彩旗飞扬，学生军战士全部穿着新军装，打着绑腿，个个精神抖擞，意气风发。出发前夕，学生军散发了《告广西同胞书》《告别广西同学书》《告全国同胞书》，表达了誓死抗战，驱逐日本侵略军的决心和信心。

学生军们唱着高亢激越的《广西学生军军歌》：

我们是广西青年学生军，
我们是铁打的一群，
在伟大的时代里负起伟大的使命。
我们抱定勇敢坚强，
不怕牺牲的精神。
我们要和前线将士，
全国同胞誓死战胜我们的敌人！
我们为国家谋独立，
为民族争生存，
为人类伸正义，
为世界求和平。
在伟大的时代里负起伟大的使命。
我们是铁打的一群，
我们是广西青年学生军！

在歌声中，他们告别桑梓，辞别亲人，义无反顾地奔赴鄂豫皖抗

1938年1月，周恩来在武昌蛇山公园抱冰堂前对广西学生军做抗战形势的报告

中国妇女运动领袖邓颖超在抱冰堂前对广西学生军做《抗日与妇女解放》报告

战前线。学生军途经湖南永州、祁阳、衡阳一带，沿途进行抗日宣传。抵达武汉后，驻蛇山抱冰堂，分组以演讲、演剧、歌咏等方式做街头宣传，或到伤兵医院慰问，还积极参加了“保卫大武汉”的示威游行。这期间还聆听了周恩来、邓颖超、叶剑英等中共领导和郭沫若、邓初民、马哲民等知名文化人士对学生军所做的专题报告，加深了对抗战形势的认识。学生军每到一处，即使时间短暂，也立刻展开街头宣传，写标语、墙报，做家访，晚上演戏，因此每经一地都能掀起群众的抗战情绪和慰问热潮。

1938年2月初，广西学生军离开武汉继续北上，途经豫南重镇潢川。这时第五战区在此办了一个训练基层干部的“抗战青年军团”，招收豫、鄂、皖、鲁、苏沦陷区青年5000人，规模很大，急需工作干部，部分广西学生军留下来任各中队政治指导员，其余大部分学生军则开往安徽第五战区前方，继续做抗战宣传工作。安徽前线战线数百里长，学生军兵分几路，分别到阜阳、霍山、立煌等地做民运、宣传、备战等战地工作。在河南的“军团”培训4个月后，成立第五战区政治大队，将结业学员分为若干中队，其中一中队学员到河南罗山做抗战动员组织工作。1938年10月，武汉失陷后，学生军一部分随着21集团军留在大别山内外地区工作，另一部分随第五战区长官司令部撤往鄂西。后来随着国民党日趋消极抗战，积极反共，新桂系当局害怕学生军“赤化”，于1939年10月解散广西第二届学生军，另行安排工作或遣回广西。在大别山

演剧队在武汉

广西学生军在徐州前线

广西学生军女兵英姿。左一为易凤英

广西学生军1939年在安徽

活动的广西学生军中共党支部，根据上级指示，率领一批进步青年于1940年3月撤退到淮南淮北的新四军根据地，参加了新四军部队的抗战工作。

广西学生军北上，宣传了大敌当前，理当同仇敌忾、全民抗日的政治共识，极大鼓舞了广西子弟兵的士气，培养和锻炼了一批干部。

（六）驻防鄂西和大别山

武汉会战结束，抗战由战略防御阶段转入战略相持阶段，经济发达的沿海、沿江地区多已沦陷。在华中地区作战的广西军队，随着形势的变化分成三部分。第一部分由31军军长韦云淞率131师、135师、170师（属第7军）、188师（属84军）的全体军官，按原系统带回广西补充兵员，重新组建31军，留守广西，而这4个师的士兵则拨入留在皖鄂的桂军部队。第二部分以廖磊为鄂豫皖边区游击总司令兼安徽省主席，率张淦的第7军辖171、172两师，张义纯的48军辖138、176两师，留驻敌后大别山区。第三部分是覃连芳84军，除辖原189师外，把48军的173师（师长钟毅）、174师（师长张光玮）编入该军，仍属李品仙第11集团军，随第五战区长官部驻守鄂西。留在华中的桂系3个军按乙种师编制，每师2旅4团，约1万多人。

1.随枣会战

武汉失守后，覃连芳84军即奉命转移至随县附近构筑工事，随

随枣会战中桂军开往前线

时准备迎击由武汉及平汉线来犯之敌。1939年3月，日军进迫随县。84军凭借既设阵地与敌周旋，在友军的协助下稳定了战线，与敌形成了对峙。3月下旬起，第五战区根据军委会的指示，向当面之敌发起“四月攻势”。84军奉命出击，在板凳岗、七里岗、高城等地与日军激战，取得一定战果。4月底，日军为报复国军之攻势，围歼我第五战区主力，华中日军第11集团军司令官冈村宁次率第3、第13、第16师团和骑兵第2、第4旅团10余万人向湖北随县、枣阳地区发动进攻，时称随枣会战。4月30日，日军第3师团从郝家店、徐家店向84军出击部队173师和174师发起进攻。国军节节抵抗，逐次向随县方向转进。5月1日，日军陷吴家店、泉口店及万家店。173师与174师转移至塔儿湾一线。84军命令189师为右翼防守小朱家湾、大张家湾迄槐树湾之线，174师为左翼占领槐树湾迄高城之线，173师则在万家河东岸两侧高地构筑工事，准备迎击日军。5月2日，日军追至塔儿湾附近，日军以3000余人在坦克、飞机、火炮的掩护下对173师、174师发起进攻，同时以一小部兵力攻击189师阵地，作为牵制。一场惨烈悲壮的搏杀就此展开。2日拂晓，日军首先集中了12门重炮和数架飞机猛轰我84军阵地。一颗颗炮弹带着刺耳的尖叫，飞向我军阵地。一时间，我军前沿工事及其周围爆炸声此起彼伏，阵地前的黑土被掀了一层又一层。两个小时后，日军前线指挥官通过望远镜发现我军前沿工事受到严重破坏，认为工事里的我军已所剩无几了，遂命令步兵开始冲锋。可他万万没想到，就在其步兵接近我军阵地前沿时，突然遭到我强大的步兵火力急袭攻击，伤亡惨重。日军在第一次冲锋失败后，恼羞成怒，稍事休整后又组织了第二次进攻。我军顽强抵抗，每一个据点均反复争夺，战至阵地被完全摧毁、无法立足时，方才放弃，战况极为激烈，塔儿湾阵地失而复得达7次之多。4日，日军以火炮和飞机向我军阵地施放毒气。我军由于缺乏防毒装备和训练，大量士兵被毒气熏倒，各部战斗力大减。当天下午，日军步兵再次发起攻击，突破我173师所属两个旅的结合部，我军增援不及，塔儿湾、官家寨失守。173师和174师转守周家湾、竹林湾、高庙坡及南北高地之线。战至8日，双方损失均重，战局始终呈现僵持状态。当晚8时许，枣阳失守，84军奉命向樊城转进。174师在退至唐县镇时，受到追来之敌的坦克袭击，伤亡严重，被迫折向关山店、三河店、唐河，退向南阳。189师师长凌压西在接到转移命令后，即率师部及567旅先行后撤，经平氏、唐河、社旗、方城，到达南阳。566旅随后跟进，当退至唐县镇时，189师副师长兼旅长李宝琏勾结副官刘勉图谋投敌。该旅官兵知道此事后皆义愤填膺，将李宝琏和刘勉扣押。但因看管不严，二人逃脱，到随县附敌去了。最后，该旅全体官兵在两个团长谢振东、周天柱的带领下绕道退至樊城。10日，日军占领湖阳镇和新野，12日夺取唐河，并一度占领南阳，12

日三面包围枣阳以东中国军队，企图合围桐柏山、大洪山守军主力。在此形势下，中国守军采取运动战，大部北撤，留一部在桐柏山、襄河两岸截击日军。同时，李宗仁严令汤恩伯第31集团军会同孙连仲第2集团军从豫西南下唐河、新野一带反击。5月13日，中国军队增兵南阳，先后克复唐河、新野。15日，中国军队开始反攻，经3日激战，重创日军。19日，中国军队克复枣阳，23日收复随县，随枣会战结束。此次会战共毙伤日军1.3万人，达到了牵制和消耗敌人的目的。

2.枣宜会战

1940年5月，日军向随枣地区发动第二次进攻，史称第二次随枣会战，又称枣宜会战。日军企图先消灭襄东地区国民党军主力，然后进犯宜昌。日军的进攻部署仍分三路，其战略攻击目标为襄樊，其主攻方面则为桐柏、大洪两山之中间地带。第84军和川军第45军再次担任防守随枣正面的任务。

5月4日，日军步骑万余，炮30余门，战车、装甲车百余辆，飞机数十架，由随县、滚山、徐家店之线向川军第45军及凉水沟、塔儿湾、万家店的第84军进犯。桂军等奋起抵抗，双方激战甚烈。日军借飞机、炮火的掩护，并以战车、装甲车开路，由凉水沟、万家店等处突进，桂军等节节阻击，双方伤亡均极惨重。至5月6日，双方激战于何家店、净明铺、尚市店、江家河。为确保枣阳，掩护襄樊，协同友军歼灭新街之敌，并为避免被敌人包围，李宗仁令变换阵地：第84军以有力部队于净明铺、唐县镇、兴隆集各南北线节节抵抗，迟滞敌之西进，主力转移于土桥铺、枣阳、鹿头镇之线及吴家店、兴隆集、枣林店之线前进阵地作战。部署甫定，随枣

钟毅（1901—1940），广西扶南（今扶绥）人，壮族，第48军第173师师长。枣宜会战中率部掩护大军撤退，重创日军。身负重伤后自戕殉国。毛泽东写挽词“尽忠报国”。新中国成立后，中央人民政府追认其为革命烈士

之敌即倾全力向前突击，第84军节节抵抗，7日晚，日军突破双沟阵地。8日晨，日军由双沟分途进犯，一部向七房岗，一部经程家河向刘家寨，一部经三合镇及吕堰镇附近向新野。第84军陷入包围，一度失去联络。因第84军连日战斗，伤亡颇重，新任第11集团军总司令黄琪翔令其突出包围圈于老河口东之石桥、张家集、巨兴集、薛家集间整理待命。9日，173师师长钟毅奉令由枣阳向西突围，被日军截击后，随行仅余一营，复在苍苔镇与日军步兵千余遭遇，结果该营亦被冲散，仅余四五十人。行至苍苔西北10余里地方，又遇日军骑兵数百袭击，此时，钟毅身边只剩下一个卫士排，他率领卫士与日军厮杀了两个时辰，弹尽粮绝，官兵伤亡殆尽。钟毅右胸中弹重伤，临危之际，他即将作战资料、信件、日记及印章等物包裹好，埋在附近芦苇中，然后饮弹自戕殉国。

5月31日，日军突破国民党军的防御，在欧家庙渡过襄河南下，6月5日又在沙洋强渡西犯，形成南北两路夹击宜昌之势。6月12日，日军侵入宜昌。国民党军队力图反攻宜昌，但未奏效。6月24日，蒋介石下令停止进攻宜昌，第二次随枣会战至此结束。

3.五战区在鄂西

1938年春，第五战区在徐州会战后，按照长期抗战保存实力的策略，由徐州向豫鄂地区作战略转移，同时做了有计划的与敌保持接触和阻击。司令长官部经潢川、浠水、宋埠、夏店、樊城，武汉会战结束后，1939年秋驻节老河口，一直到1945年初李宗仁调任汉中行营主任，其间共达6年之久。第五战区辖境左起桐柏山，右到大洪山，还有大别山区。覃连芳84军随第五战区长官部驻守鄂西。

鄂西北地区在长江以北、平汉铁路以西，左有桐柏山脉，右有大洪山脉，拱卫着襄樊汉中平原，瞰制着武汉及平汉铁路南段。襄

1942年春李宗仁（右二）与张群、孙连仲等人在老河口

（阳）—花（园）公路从两大山脉中通过，进入襄樊盆地。这里北走西安，西入四川，是拱卫川、陕的门户。第五战区长官部初设樊城，1939年秋迁到老河口。在战略相持阶段，日军虽无力发动战略进攻，但为了巩固武汉，仍能集中三五个师团兵力，用于一时一地。我方为威胁武汉，配合长沙会战、桂南会战，也经常出击，因此，鄂西地区的战斗比较频繁。桂系84军参加了1939年5月的随枣会战和1940年5月的枣宜会战，两次都守卫在襄花公路西段随县、枣县之间，首当强敌。官兵们以血肉之躯，同敌人飞机、坦克、步兵拼搏，牺牲很大，但换来了时间，给指挥机关调动兵力，大量杀伤敌人，迫敌撤走。在李宗仁驻节老河口的6年中，日军一直未能逼近老河口。1943年9月，李宗仁升迁军委会汉中行营主任，管辖第一、第五、第十3个战区。1945年刘峙接任第五战区司令长官时，把长官部迁移至均县草店。

4.广西军队在大别山

武汉会战结束后，1938年2月，第五战区司令长官兼安徽省政府主席李宗仁将省会迁到立煌县城（今金寨县城关镇）。立煌位于大别山区天堂寨以北，交通不便，人口稀少。1932年建制立煌县，以金寨为县治。城区主街道仅长3华里。省会迁到立煌之后，因老区狭促，不可扩建，于是建立新城区，占地约5平方公里。安徽省与驻军等各级党政军机关疏散在各山丘之间。包括安徽省政府、国民党安徽省党部、农民银行、第21集团军总司令部、安徽省参议会及安徽省动员委员会等。新四军设立煌办事处，中共皖西省委等机关也设于立煌。1938年11月，第21集团军总司令廖磊为鄂豫皖边区游击总司令兼安徽省主席，率张淦的第7军辖171、172两师，张

第21集团军挺进大别山建立敌后根据地

义纯的48军辖138、176两师，留驻敌后大别山区。大别山地处长江和津浦、平汉、陇海铁路之间，战略位置重要。廖磊为站稳脚跟，执行联共抗日政策，团结各方面的抗日人士，利用广西学生军和招收当地爱国青年为工作骨干，在学生军、省政府、动员委员会中都有中共党支部，由于中共党员和进步人士努力工作，发动组织群众，开创了敌后抗战的新局面，加之又得到新四军的支持和帮助，恢复了安徽省大部分县乡政权，控制了鄂豫皖边二三十个县。其间比较著名的战斗有：1938年冬，138师823团在合肥大蜀山全歼日军第13师团一个加强大队；1939年端午节，176师在新四军配合下，派突击队夜袭安庆城，粉碎日本广播“长江通行无阻”的虚假宣传，迫使访问安庆的英美兵舰停驶。1939年10月廖磊病逝，李品仙继任。武汉会战结束之后，立煌成为安徽的抗战中心，日军对立煌怀愤已久。1940年秋，日军以一个联队进攻立煌。在康王寨被守军第171师截击，几乎全军覆没，是役击毙日军2000余人，第171师

塚田攻（1886—1942），日本茨城人，曾任侵华日军第11军司令官，陆军中将。1942年12月18日毙命。当天被晋升为陆军大将

伤亡1000多人。之后日军无力在皖发动作战，在安徽前线仅采消极守势。立煌县交通情况渐次改善，商业活跃。该年立煌电厂落成，山区夜间灯火通明，竟成为繁华世界。

1942年12月17日，日军中国派遣军总司令畑俊六召集各军司令官到南京开会，宣布因兵力不足，中止进攻四川的5号作战。18日会议结束之后，驻武汉日军第11军司令官塚田攻乘专机返回汉口，被驻太湖的48军138师412团3营9连的对空警戒部队击落，塚田攻及机上其他乘员共11人全部殒命。中国军队缴获日军华中派遣军作战计划一份（烧残不全）。日军为图谋报复和寻找塚田攻尸体，调派大批军队在飞机掩护下，沿长江两岸进行大扫荡，实行“三光”政策，企图破坏大别山游击根据地。48军为阻击进犯之敌，诱敌深入，集中优势兵力，分别在太湖、高河埠、陈家埠和弥陀寺战斗中予敌以痛击，歼敌1000余人。1943年元旦，鄂东日军6000余人，经黄冈与罗田向立煌县进犯，守军抵抗不力致立煌失陷。48军奉命支援，在桐城附近与敌激战，损敌甚重。史称大别山战役或立煌战役。日军饱掠焚烧后退出大别山。抗战后期李品仙升任第十战区司令长官，而大别山区则由抗战前期的敌后根据地蜕变为桂系长期盘踞的地盘。

（七）广西红军战士在抗日战场

抗日战争期间，有一批广西红军战士在中国共产党领导下的抗日战场英勇抗击日军。

1937年9月，八路军115师第344旅参谋长陈漫远、115师第343旅686团团长李天佑、688团参谋长卢绍武等原红七军指战员率部参加了平型关战斗。9月25日拂晓，日军第5师团第21旅团一部携大批辎重车辆和军用物资由灵丘向平型关推进。7时许，日军全部进入八路军包围圈，八路军迅速出击，将其打得晕头转向。八路军乘日军混乱之际发起冲击，与日军展开白刃战，并封闭了日军南逃之路。李天

1938年，343旅副旅长李天佑（左三）与参谋长陈士榘（左一）、115师政委罗荣桓（左二）、115师政治部副主任兼343旅政委萧华（左四）在晋西孝义

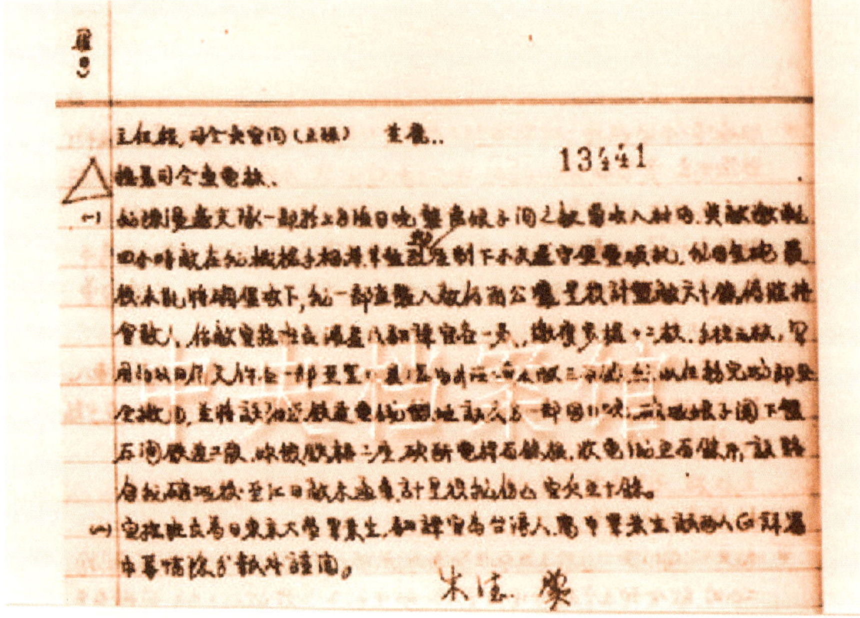

1939年4月7日，朱德就陈漫远支队夜袭娘子关之敌情况给程潜、阎锡山、卫立煌等的电报

佑的686团是作战主攻团。激烈的战斗持续到27日白天，被围日军终未能冲破包围，被击毙1000多人，被毁汽车100多辆，大车200多辆。八路军缴获步枪1000多支，轻重机枪20多挺，战马53匹，另有其他大量战利品。平型关战斗是全面抗战开始后的第一个胜仗，粉碎了“皇军不可战胜”的神话，振奋了全国人心，鼓舞了全国人民的抗战热情，有力地打击了日军的嚣张气焰。此外，在反“九路围攻”战斗、漳南战役、香城固伏击战役、百团大战、黄崖洞保卫战、林南战役、道清战役、安阳战役等一系列重大战斗和战役中，也有广西籍红军战士参加，欧致富、黄惠良等参加了反“九路围攻”战斗。覃健（副团长）率八路军第115师第688团由晋东南沁水地区进至平汉路东参加漳南战役。韦杰（688团团长）、覃健（688团参谋长、副团

长）、黄新友（688团参谋长）等参加和组织指挥了香城固伏击战役。韦杰、欧致富、黄新友、黄惠良、覃国翰、陆秀轩、覃恩忠、李德明、朱光、阮平、黄征等参加了百团大战。1941年11月，八路军总部特务团团长欧致富，在保卫黄崖洞兵工厂的战斗中，以不足一个团的兵力，抗击5000多装备精良的日军进攻，经过8昼夜的激战，歼敌1000余人，以敌我伤亡6∶1的辉煌战绩，开创了中日战争上敌我伤亡对比空前未有的记录。黄新友参加了林南战役和道清战役；韦杰、黄新友等参与组织和指挥了安阳战役。

在新四军抗击日军的重要战役和战斗中，周子昆、黄一平等参与组织和指挥繁昌大战；韦国清和张震球先后参与组织和指挥张楼战役、淮北春季攻势作战；覃健参与组织和指挥丁头庄战斗、郑潭口战斗；朱立文参与组织和指挥侏儒山战役；韦一平等参与组织和指挥车

1940年8月，韦国清、张震球分任八路军第五纵队第三支队政治委员和政治部主任。图为8月31日韦国清（一排左一）、张震球与八路军第五纵队首长及第三支队军政领导干部合影于朱湖

陈漫远在晋绥军区工作期间，多次参与指挥晋绥抗日根据地的反“扫荡”、反“蚕食”斗争，参与领导群众性围困敌人的斗争和“把敌人挤出去”的作战，战果颇丰。图为陈漫远率部清点胜利品

桥战役。

在全国各地的游击区中也有一批广西红军战士。他们当中主要有：李振亚（广西藤县人，1939年夏由八路军调广东领导抗日斗争，先后任东江军委参谋长、琼崖总队参谋长、纵队参谋长等职）、姜茂生（广西凤山人，1937年在福建闽西从事抗日斗争，1938年参加新四军）、黄松坚（广西凤山人，1939—1945年在广东粤北领导抗日斗争）、陈英（女，广西百色人，1937—1938年在广州开展抗日斗争）、黄雨山（广西东兰人，1938—1942年在苏北、苏中等地领导抗日游击斗争，同时还在新四军中兼任职务）、张英（广西兴安人，1938年底到皖南事变前，在江苏开展敌后游击斗争）等。

三

桂南会战

日军1938年10月占领广州后，切断了中国由香港到大陆的主要国际交通线，但中国仍能由华南沿海西江地区、深圳、汕头以及桂越公路、滇越铁路、滇缅公路，输入部分补给物资。为切断中国西南国际交通线，进一步增加中国困难，威胁中国后方，迫使国民政府屈服，日军发动了封锁中国大陆的作战。1939年1月，日军侵占涠洲岛。2月入侵海南岛，6月在汕头登陆，8月占领深圳，11月进攻桂南。中国军队在广西境内展开了一场抗击日军的重要战役——桂南会战。

（一）日军第一次入侵广西

抗日战争开始后，广西先后派4个军开往华中、华东前线作战，只留下原属48军的175师（辖4个团约1万人）留守广西。1938年9月，成立新编19师。同年10月，以175师、新19师为基础，成立第46军，夏威兼军长。1939年6月，以原北上参加抗战后返回补充的31军131师、135师及第7军之170师、84军之188师为基础，成立第16集团军，直属于国民政府军事委员会委员长桂林行营，为驻守广西的正规部队。编制序列如下：

第16集团军　总司令　夏　威
　　　　　　副总司令　蔡廷锴　韦云淞
　　　　　　参谋长　刘清凡

下辖：

31军军长　韦云淞
131师　师长贺维珍
135师　师长苏祖馨
188师　师长魏镇
46军军长　何宣
170师　师长黎行恕
175师　师长冯璜
新19师　师长黄固

第16集团军司令部驻贵县南山，由副总司令蔡廷锴主持工作。

46军军部设在南宁，所辖175师驻合浦、灵山，新19师驻钦州、防城，170师驻横县，为预备队。31军军部在桂平，所辖131师、135师、188师分驻桂平、平南整训。

北部湾北岸的合浦、灵山、钦州、防城4县，当时属广东省第八行政区，是防止敌人从海上入侵广西的门户。1937年冬，175师奉命出境布防，成立钦廉守备区于廉州，以该师师长莫树杰为司令，黄固为副司令，以1个团守卫合浦、北海沿海，1个团守卫钦州、防城沿海，主力置于武利、灵山间，重点防守横北公路和邕钦公路。1938年9月，新编19师成立后守备钦、防，以55团防守钦州及海岸各点，56团防守防城及海岸各点，帅主力置十小董一带。

1938年10月，日军占领广州、武汉，控制了我国华南海岸线的大部分，切断了平汉、粤汉铁路。为企图切断由中国通往越南的国际交通线，缩短轰炸我滇越铁路和滇缅公路两大补给线的飞行距离，堵死国际上对中国抗战的物资援助，进而威胁云贵和整个大西南，实施对国民党桂系的诱降工作，日军又准备入侵广西，占领南宁。1939年1月，日军派兵占领了北海涠洲岛和斜阳岛，随后在岛上修建机场、库房、码头；第5师团还特意从广东调至青岛、博山一带进行山地作战和两栖登陆作战训练；日本海军早在战前就在海南岛集中兵力，并对钦廉沿海一带进了严密封锁。1939年10月14日，日本大本营决定驻华南的21军派兵在钦州湾登陆，攻占南宁，执行切断南宁—龙州补给线的作战任务。日军抽调第5师团、台湾混成旅团、佐世保陆战队、第5舰队（有舰艇54艘，航空母舰2艘）、海军联合航空队（有飞机100架），兵力约4万人，组成进攻桂南兵团，以21军司令官安藤利吉为总指挥。11月9日在三亚港集结。

日军第5师团卢沟桥事变即来中国，参加南口、忻口、太原、徐州、广州历次会战，有“钢军”之称。1939年在青岛进行山地作战训练，旋调到诺门坎参加对苏作战。10月底用船将其从旅大运送南下，经广岛不上岸，秘密到达海南岛三亚港。台湾混成旅团曾参加武汉会战，沿长江跃进，攻下安庆、九江、马当等要塞，以善于登陆作战著称。1939年2月参加进攻海南岛，8月调防佛山。日军以这两支精锐部队为基干，配属工兵、炮兵、骑兵联队及瓦斯兵等，分成及川（第5师团第9旅团长及川源七）、中村（第5师团第21旅团长中村正雄）、盐田（台湾旅团长盐田定七）3个支队。

1939年11月13日，日军乘70多艘运输船从三亚港出发，14日到达钦州湾外海。

1939年11月15日8时，日军先头部队第9旅团一部在海军的水上飞机和舰炮的有力支援下冒着暴风雨强行在钦州湾的天堂角和龙门岛北岸登陆。16日，第21旅团从渔洪江驶至钦州至南宁公路附近上

1939年11月15日，日军在钦州湾登陆，占领钦州、防城、合浦、灵山后向北推进，侵占桂南19县。图为日军船只在钦州湾

日军侵略广西路线及时间图

岸，台湾混成旅团从防城的犁头嘴、横山一带登陆。新19师防线正面宽达200公里以上，兵力十分薄弱，仓促应战，作战一开始即处于被动状态，16日晚钦州陷落。日军登陆成功，沿着钦州—南宁公路一带前进。新19师师长黄固得报敌人在企沙、龙门登陆，率57团进入小董大溶塘核心阵地待敌，前面不见敌人，敌人却从后面杀来，队伍被冲散，溃向板城一带收容，黄固被撤职。日军于18日占领小董，19日窜抵大塘，11月22日傍晚抵达邕江南岸，从东南面和西面围攻南宁。11月24日攻占南宁。

接到日军在钦防登陆的消息后，为了保卫西南边陲重镇南宁，阻敌北犯，国民党最高军事统帅部命令其时调驻衡山以北地区，担任保卫衡山、衡阳任务的第5军星夜开赴桂南前线，配合友军向日军反攻。第5军接到这项新的紧急命令后，各师迅速由火车输送至广西永福，然后徒步向南宁东北地区集中。第200师派出步兵2个团作为先遣部队，先行由桂林用汽车运往南宁。

1939年11月24日，日军强渡邕江，攻占南宁。图为日军强渡邕江上岸场面

1939年11月24日，日军占领南宁

11月25日，第200师先头部队600团在南宁城郊二塘附近与日军遭遇，发生激烈战斗。第600团官兵在团长邵一之指挥下，沉着应战，击退了敌人一次又一次的进攻，阵地得而复失，失而复得。26日，邵团长亲率步兵一连，向敌迂回部队反击，不幸中弹，壮烈殉国。副团长文模在战斗中负重伤，团附吴其升牺牲，官兵伤亡达1/3以上。是夜，该团在第1营营长吴大伟率领下逐步撤至大高峰隘及甘圩附近占领阵地，继续拒敌。这时第200师主力逐次到达，于南宁东北七塘、八塘间占领阵地，协助友军作战，并掩护军主力集结。

日军占领南宁后，设立宁钦兵团，以第5师团长今村均为兵团长，第5师团驻守南宁，台湾旅团警戒邕钦公路，建筑钦州兵站基地，解散护卫舰队。安藤利吉做了安排后于11月27日离开钦州返广州。今村均以中村旅团守备南宁以东地区，以及川旅团守备南宁以西地区。

（二）昆仑关战役

南宁失陷后，第16集团军命令170师、200师和135师两个团守卫高峰隘和香炉岭，监视南宁；以135师的403团、补充团和200师的598团守卫八塘、九塘，阻敌沿邕宾公路推进。11月30日，日军第9旅团41联队凭借飞机掩护，经两天激战，攻占高峰隘和香炉岭。12月2日，188师开到宾阳，第5军出动战车4辆，会合403团、598团进攻八塘。中村正雄从南宁率兵出援，中国军队不支后退，日军乘势推进，5日占领昆仑关，留下松本大队驻守，配属炮兵、工兵、电台，建立出击、搜索基地。

昆仑关全景

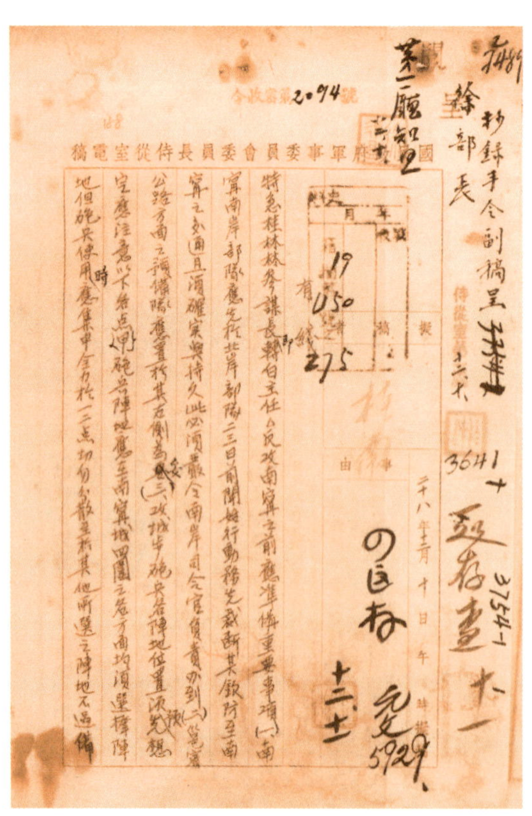

國民政府軍事委員會委員長侍從室電稿

特急桂林林參謀長轉白主任 反攻南寧之前應準備重要事項(一)南寧南岸部隊應先於北岸部隊二三日前開始行動務先截斷其欽防至南寧之交通且須確實與持久此必須嚴令南岸司令官負責辦到(二)邕賓公路方面之預備隊應置於其左側高地(三)攻城時砲兵陣地位置須先預想宜應注意以下各點(甲)砲兵陣地應在南寧城四圍之各方面均須選擇陣地但砲兵使用時應集中全力於一二點切勿分散至於其他所選之陣地不過備

1939 年 12 月 10 日，蒋介石部署反攻南宁之前应准备之重要事项致桂林行营主任白崇禧电稿（中国第二历史档案馆提供）

日军占领昆仑关、高峰隘两个据点，巩固了南宁的外围，即分兵抢占龙州，彻底遮断邕龙公路。12月17日，派遣第9旅团长及川源七率步兵1个联队和1个大队为基干，配属迫击炮中队、工兵中队和汽车95辆，沿邕龙公路进犯龙州。

蒋介石得报南宁失陷，急从四川、湖北、江西各处抽调精兵，计有邓龙光第64军、叶肇第66军、李延年第2军、杜聿明第5军、甘丽初第6军、傅仲芳第99军、姚纯第36军等，共19个师，辅以飞机百架，炮兵、战车兵各1个团，合15万人，兼程回救广西。又令白崇禧以桂林行营主任职到迁江亲自指挥援军，反攻南宁，欲乘敌立足未稳一举歼灭之。12月1日，白崇禧赶到迁江扶济村设立指挥

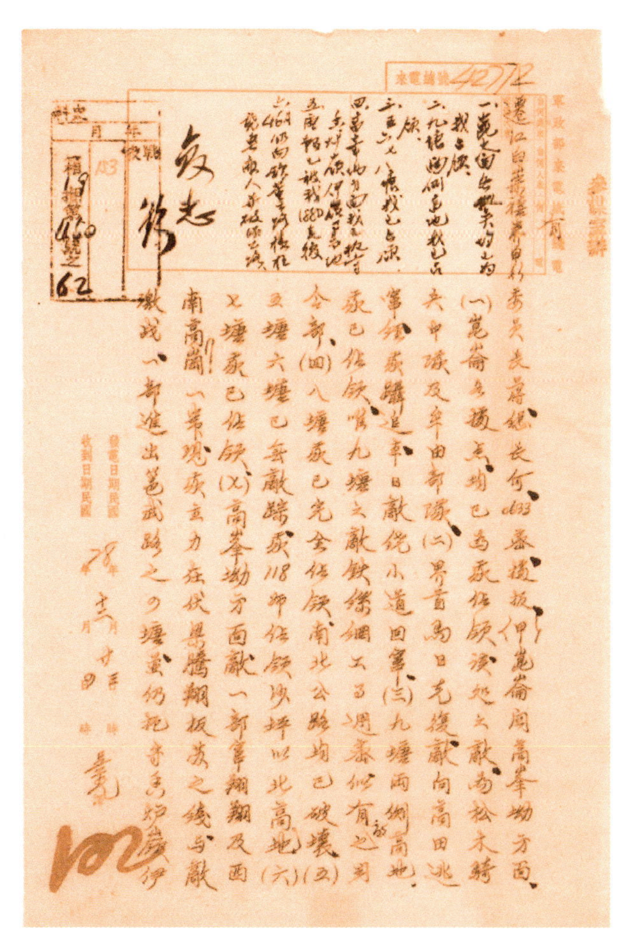

1939年12月22日，桂林行营主任白崇禧报告昆仑关高峰隘及邕钦路以西方面激战情形致蒋介石等电（中国第二历史档案馆提供）

所。8日，军委会电令反攻南宁。

各军时距南宁，近则千里，远则加倍，皆倍道兼程，或乘火车，或乘汽车，或乘民船，沿着湘桂铁路、柳筑公路、西江河运，急促地开赴桂南。当时正值第一次长沙会战结束，军队多在湖南，新筑成的湘桂铁路发挥了军运的主干作用。12月初，各军陆续抵达南宁以北。

白崇禧判明日军转入守势后，根据敌人的弱点，制订反攻计划：从北面分两路直攻南宁；在南面斩断邕钦公路，关起大门。行营指挥所把参战部队分三路：北路军由徐庭瑶为总指挥，指挥第38集团军，辖第5、第6两军4个师，为主攻部队，由宾阳南下，担任正面主攻，强攻昆仑关，后沿邕宾公路进攻南宁。东路军以蔡廷锴为总指挥，指挥第26集团军，辖第46军4个师，以陆屋、灵山为依托，攻击钦宁公路，阻敌增援昆仑关。西路军以夏威为总指挥，指挥第16集团军，辖第31军4个师，以一半兵力攻高峰隘，打通邕武公路，分散日军注意力，策应北路军进攻昆仑关，另一半兵力绕攻四塘，阻止南宁日军沿邕宾公路救援昆仑关。其余部队置于后方，为总预备队，往来救应各军。12月16日迁江指挥所发布作战命令，定于18日拂晓各路开始总攻。

昆仑关是大明山向东伸出的险峻山脉，蜿蜒于邕、宾、武之间，层峦叠嶂，山高谷深，雄踞于邕宾公路的昆仑关，大有“一夫当关，万夫莫敌”之势，为进出南宁必经之路，自古为军事要冲。日军以42联队的松本大队据守，配速射炮一小队、山炮一中队、迫击炮一中队、工兵一小队、无线电两分队及卫生队约1000多人。昆仑关以南，九塘有日军步兵1个联队，八塘有日军骑兵1个联队、步兵1个大队；3处日军合约5000人。日军利用险峻的地形构筑坚固工事，在四周山头筑成闭锁式的堡垒，围着两三层铁丝网，网内挖外壕和散兵壕，中央用大木头建造掩蔽部，覆盖厚厚的土石，供居住、防炮和存放弹药之用，成为能独立作战的据点，只需置少量兵力便能牵制大部队；又设置侧防机关，举凡山前山后的腰部、侧面、凹地，都有隐蔽的轻重机枪阵地，构成浓密火网。

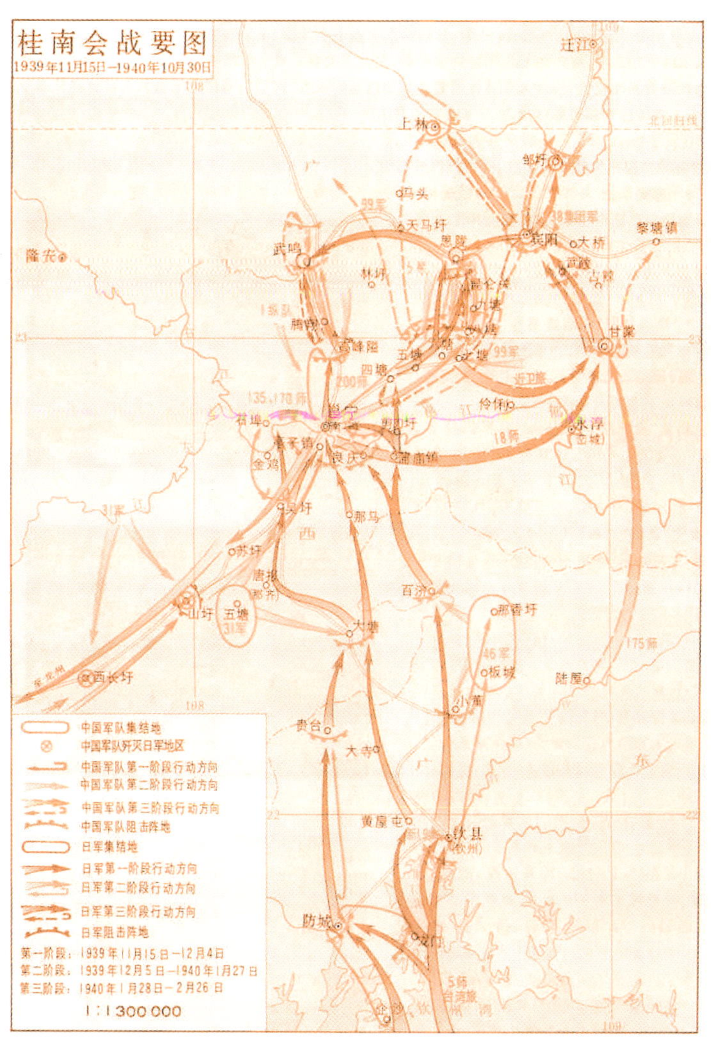

桂南会战要图

中国军队以第5军为主攻部队。第5军是抗战后创建的第一支机械化部队，由装甲兵团扩编而成，因在全州成立，士兵多为广西人。该军下辖第200师、新编22师、荣誉第1师（由伤愈官兵编成，故名）3个步兵师（每师4团），军直属有3个野战补充团、骑兵团、装甲兵团、炮兵团、辎重兵团、特务营、野战医院等。代军长杜聿明、副军长兼荣誉第1师师长郑洞国、第200师师长戴安澜、新编22师师长邱清泉。荣誉第1师为左翼，从正面强攻昆仑关；新编第22师为右翼，绕攻五塘、六塘，阻敌增援昆仑关；加派两个补充团为左支队，绕攻七塘、八塘；第200师为后备。

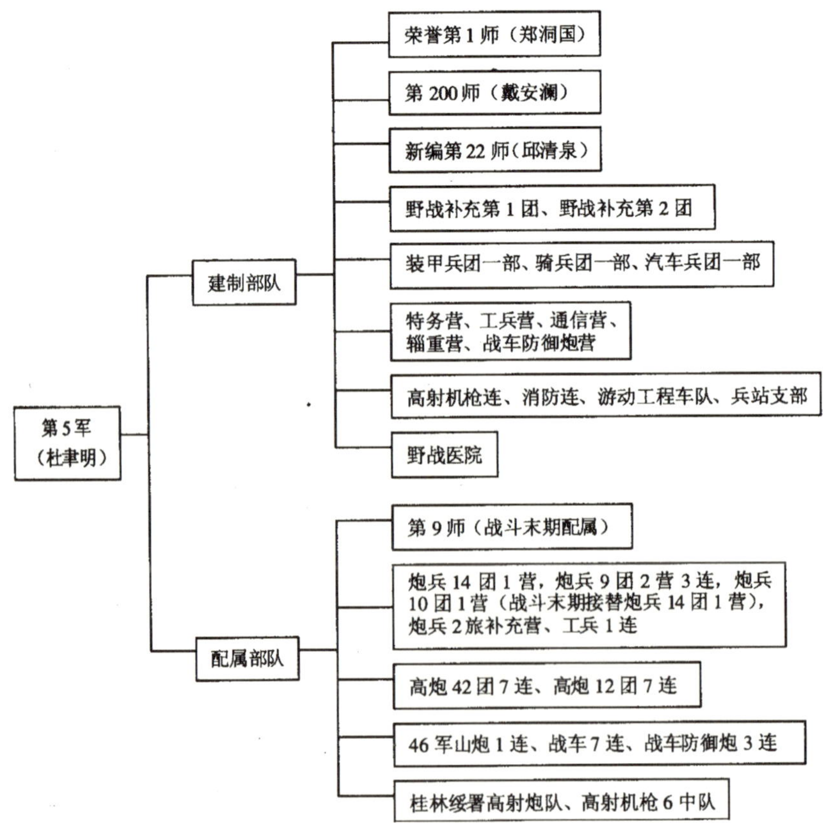

昆仑关战役中国军队第5军战斗序列

12月18日子时，荣誉第1师首先发起进攻，重、野、山炮一齐开火，昆仑关各山头一时炮声隆隆，山摇地动。昆仑关日军阵地尽被烟火笼罩，阵前铁丝网皆被炸飞。日军侵华以来，一向自恃炮火优势，未遇中国军队如此猛烈炮击，工事多不坚固，大部被毁。千余守军，半数伤亡，余下惊慌失措，满山乱跑乱躲，逃避炮击。炮击完毕，荣誉第1师步兵成散兵队形奋勇登山，一举打下金龙山、仙女山、老毛岭、公费岭（△441）和606高地等5个高地。中午又打下罗伞顶（△441）和罗塘南（△430）高地。罗塘高地是昆仑关西北的天然屏障，也是日军的一个重要支撑点。日军在阵地上构筑了坚固的堡垒工事，并在前沿设置了三道铁丝网，由第21联队的迢田中队200余人把守，配备轻重机枪10余挺、迫击炮数门。此外罗塘守敌还可得到附近高地日军的火力支援。荣1师第2团在炮兵掩护下奋力冲锋，冲到日军阵地时用铁锹、镐头等破坏铁丝网，突入内围，与日军展开白刃战，毙敌军官10余人，全歼敌兵200余人，俘敌2人，荣1师2

第5军战士向日军山头阵地发起冲锋

团突击队亦伤亡巨大，仅存10人。中国军队控制了昆仑关大部分山头，日军一片慌乱，呈动摇之势。残敌被分割成数处，负隅顽抗，急向后方求救。

下午4时，日军21联队长三木吉之助率步骑炮兵1000多人，乘31辆汽车，以3辆装甲车开路，从南宁开到九塘，派出部分队伍增援昆仑关。敌援到后连夜发动反攻，夺回了罗伞顶、罗塘南两高地。

653高地又称石牛山，为昆仑关主峰，瞰制全战场，日军以第7中队200余人据守。18日，荣誉第1师展开正面进攻，未能夺取该高地。19日，荣1师继续进攻，先从正面攻击未奏效，继而分击敌之两翼，受到敌火力猛烈射击，攻击受挫，国军伤亡过半，形成对峙状态。这时，日军施放催泪弹企图把国军赶下山，国军连长安朝宣和排长杨讣明毫不畏惧，率队直冲敌阵地，双方短兵相接，展开肉搏战，日军中队长小川谷一大尉等100余人被击毙，荣1师官兵以高昂的代价夺取了这场关系全局的战斗的胜利。在荣1师、200师强攻正面的同时，200师副师长彭壁生率野补1团、2团从东面占领枯桃岭，瞰制着八塘、九塘。邱清泉新编22师绕越西面山地，占领

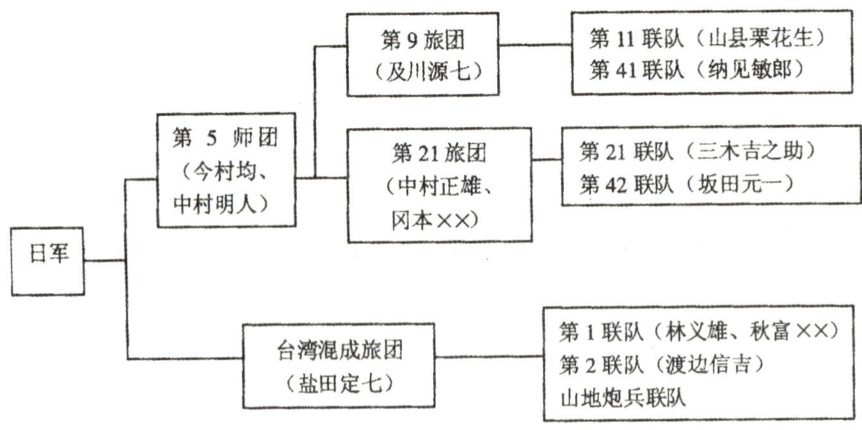

昆仑关战役日军战斗序列

了五塘、六塘，截住运载三木联队的40多辆汽车，破坏了五塘、六塘之间的公路桥梁，并埋设地雷，完全截断了日军的后方补给线。99军92师从伶俐向西穿插，围困七塘，日军在邕宾公路上的据点都被分割开来。

昆仑关和九塘的日军伤亡惨重，弹尽援绝，食物吃光，只能捡拾田间落穗充饥。弹药缺乏的情况更为严重，迫击炮中队因没有炮弹而把炮埋在地里，用竹子削成扎枪来拼命。今村均一面电令开往龙州的及川旅团派一个加强大队星夜赶回，一面派遣21旅团长中村正雄率两个基干大队进援昆仑关和九塘。中村正雄20日到达五塘，即遭伏击，被阻在六塘的山中两天。23日接到三木急电说："傍晚前旅团若来不到，第一线难以确保。"中村正雄急如锅蚁，将部队分成两股

参加攻打昆仑关的中国战车部队

（坂田联队长率一股）乘黑夜钻隙突围，24日到达九塘附近，遭我军阻击，中村正雄腮部、腹部中弹，抬入九塘动手术，又被炮弹击中房子，立时毙命。坂田联队长到达九塘，代理中村正雄指挥作战。

第5军苦战一周，曾冲到昆仑关口，遭敌侧射和倒打，又退了出来。21日，蒋介石下令限期攻下昆仑关，如不积极努力进攻，即以抗命畏敌罪论处。到桂南“监军”的陈诚，也指责将领们作战不力。24日，白崇禧召集前线将领会议，向诸将传达蒋的电令，决定调整作战部署，集中兵力、火力攻打罗塘南。该高地在昆仑关西北1500米处，海拔430米，为昆仑关坚固的支撑点。18日晚被敌夺回，驻有两个中队200多人。当天下午，以荣1师2团剩下的官兵编为1个营担任主攻，炮兵射击1小时停止，步兵佯进诱敌进入阵地，炮兵复急袭3分钟，步兵即乘烟尘扬起之际突入敌阵。此战击毙敌军田村、田广两个中队长以下200多名官兵，生俘日军2名。我军攻克罗塘南，合围昆仑关之势暂成，士气为之大振。

26日，日军在飞机和炮火掩护下向公费岭发起猛攻，企图占据此高地，以控制全战场。公费岭又称441高地，在昆仑关西南、九塘西北2000多米处，瞰制着昆仑关至九塘间的战场。荣1师第2团一部顽强抵抗，大部伤亡，27日高地失守。28至31日，荣1师接连组织反攻未奏效，伤亡较重。

由于五塘、六塘的截援阵地被突破，日军台湾旅团2个联队渐集，如果旷日持久，将前功尽弃。为此中国指挥官改变战略，集中兵力和炮火于正面，逐次攻略敌各据点，以求迅速突破。乃命令66军投入昆仑关东面之攻击，腾出荣1师、200师、彭支队和调回六塘的新22师2个团，集中使用兵力，加强对昆仑关北面和西南之攻击。攻击重点是同兴、界首村高地，该村在昆仑关北邕宾公路边，村边高地日军皆筑有据点，控制着进入昆仑关的道路。我军两度冲入昆仑关，

第200师师长戴安澜

皆遭其倒打而退出。28日，荣1师、第200师和新编22师协同向界首守敌发起攻势。担任攻坚任务的是荣1师的郑庭笈第3团，该团士气旺盛，不顾牺牲顽强进攻。中国军队组成的敢死队，以手榴弹塞进敌据点枪眼。郑庭笈团9个步兵连，7名连长伤亡，郑庭笈身边的司号长李均也中弹牺牲。当日黄昏，第200师收复界首附近外围据点。29日，第200师向界首东西各要点猛烈攻击，各据点之敌伤亡殆尽。为守住阵地，日军竟施放毒气弹，国军虽早已知道毒气性喜下沉的特点，仍冒着毒气决然向山上冲击，各堡垒被逐一攻克。30日晨，新编22师接替第200师为昆仑关突击队，再向界首攻击，一举攻克了界首村及其西南侧高地，肃清了残敌。

1939年12月30日晚，日本反战同盟鹿地亘数人和学生军男女20多人来到阵地，向日军广播，要求敌兵放下武器，不要为军阀做侵华炮灰。鹿地亘高喊："我在这里，你们要开枪就开吧！"果然枪声停了下来，并唱起哀怨的思乡曲。一个日兵的日记写道："一个很好的月夜，敌军阵地突然用扩大器向我们广播，甚感动。"这显然对于瓦解日军士气起了作用。

31日，我军把较轻的法制山炮抬上罗塘南高地侧射昆仑关，非常有效，日军抬不起头，全部骡马被杀死。彭支队则插入昆仑关与九塘间，攻占了六扒、六成两山，昆仑关之敌成了瓮中之鳖，一片慌乱，向九塘溃退，新编22师第64团乘势向昆仑关迫近，于夜晚11时

1939年12月31日，中国军队收复昆仑关

攻占昆仑关后，中国军人欢呼胜利

攻入昆仑关。至此，昆仑关完全被我军攻克。与此同时，159师攻占了九塘西面的枯桃岭、立别岭，160师向八塘、九塘间侧击，99师重占山心，截断了敌后方公路。

中国军队夺回昆仑关后，日军从钦州调来2个联队，从龙州调来1个大队先后到达，与我争夺441高地，企图保住九塘。我军要击破九塘之敌，必先攻克441高地。31日昆仑关之敌溃退后，441高地之敌仍顽据不退，并在山上设置炮兵阵地，以火力封锁昆仑关至九塘的通道，使占领昆仑关的新编22师南进受阻。1940年1月1日6时，杜聿明军长急调补充第1团3营投入战斗，并令重炮营予以支援，毙日军100余人，抢占了公费岭。黄昏后，日军坂田联队分三路各200余人猛烈反扑，占据高地西侧，双方各占据高地一半。3日，第200师和新编22师各一部协助荣1师再向441高地发起攻击。

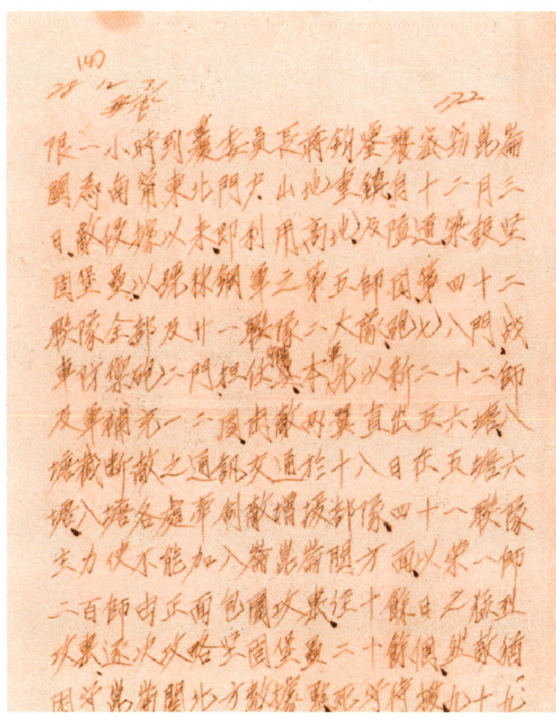
140
28 12 31
122
限一小時到重慶委員長蔣鈞鑒寢密職崑崙
關為南甯東北門戶山地要鎮自十二月三
日敵侵據以來即利用高地及隧道築設堅
固堡壘以號稱鋼軍之第五師團第四十二
聯隊全部及廿一聯隊二大隊(砲兵)八門戰
車隊(砲兵)二門據守本軍以新二十二師
及軍補充一二團攻敵正面直出五六塘八
塘截斷敵之通路交通於十八日在五塘六
塘八塘各處牽制敵增援部隊四十一聯隊
實力使不能加入崑崙關方面以榮一師
二百師由正面包圍攻擊經十餘日之猛烈
攻擊逐次攻略堅固堡壘二十餘個但敵猶
困守崑崙關北方數據點死守待援九十龍

1939年12月31日，第5军军长杜聿明报告完全占领昆仑关等情况致蒋介石电（中国第二历史档案馆提供）

日军利用反斜面阵地顽抗，并施放毒气。荣1师不顾严重伤亡冲入敌阵地，日军不支，向九塘溃退。国军乘胜追击，4日占领九塘。公费岭是昆仑关战役中双方争夺最激烈、持续时间最长、双方牺牲最惨重的一个高地。

担任攻坚的第5军因伤亡惨重，调回后方整补。邕宾公路战场由陈冀66军、傅仲芳99军以及新到的姚纯36军接防。日军集中台湾旅团、第9旅团和打残的21旅团于八塘正面和两侧挖壕固守，等待援军。主战场邕宾公路战斗呈现胶着状态。

昆仑关之战，中国军队取得重大战果。据日文透露：击毙日军第5师团21旅团长中村正雄少将，21联队长三木吉之助大佐，42联队长坂田元一大佐、副队长生田滕一及大队长杵平作、宫本得、森本宫

1940年1月，第5军战士展示在昆仑关战役缴获的日本旗，战士个个舒展笑颜

3名；班以上军官阵亡85%，士兵战死4000多人，该旅团实际上被歼灭了。我方俘敌102人，缴获山炮10门、野炮12门、战防炮10门、轻机枪102挺、重机枪60挺、步枪2000余支、战马97匹以及大批弹药和军用物资，为抗战以来中国军队攻坚战的空前大捷。但胜利的代价是高昂的，中国军队受到敌机轰炸、毒气伤害和交叉火力射击，伤亡1.4万多人。

消息传出，举国欢腾，皆说昆仑关之战，是中国军队以火力、素质获胜的实例，是继平型关战役、台儿庄战役之后，中国抗日战争史上又一次震惊中外的著名胜利战役。

高峰隘战斗。在南宁北面20公里邕武公路上的高峰隘，也是一个非常险要的隘口。1939年12月1日日军占领该地后，留下第9旅团的佐野大队配属山炮、迫击炮数门，约1000名日军据守，在隘口和附近山头构筑强固阵地，与昆仑关互为犄角，掩护南宁外围。中国军队反攻昆仑关同时，西路军第1纵队170师、135师配备山炮营和战车连，负责攻取高峰隘。另派一支有力部队进出四塘、五塘，协同北路军围歼昆仑关之敌，然后向南宁攻击前进。19日拂晓，170师508团、510团主攻高峰隘，占据了周围山头，与日军阵地对峙，虽在山炮掩护下发起几次冲锋，可是进展甚微。135师攻占香炉山后，日军也分出一部兵力与之对抗，互有进退。20日继续攻击，135师克新圩，170师没有进展，我方估计日军会来增援，两师就利用夜间加强现有阵地的工事，调整部署待战。果不出所料，日军闻高峰隘被攻，41联队长纳见率一个大队从南宁出发，傍晚到达三塘，借着月光，从高峰隘东侧山路窜入170师的阵地后面，进出武鸣大道。21日拂晓，援敌与守敌同时向南北两面出击，两师的衔接部被敌突破，135师1营新兵不敢上前增援，向武鸣方向撤退，又被敌人的炮火轰击，几股敌兵尾追下山。幸得4辆战车在公路口开炮阻止敌人追击，掩护

祭奠在昆仑关战场为国捐躯的战友

两师撤退回腾翔的阵地，再退守葛圩。夏威急调开往四塘的野补团返回保护武鸣，留下509团和武鸣区2个民团特编大队，由韦布指挥进击邕武公路。其实敌情并不严重，高峰隘守敌加上援军不足两个大队，炮兵也不多，纳见驱走中国军队后，当晚即回南宁，仍留下佐野大队驻守高峰隘，之后双方处于对峙状态。

邕龙公路伏击战。韦云淞率领的西路军第2纵队131师、188师，奉命开到苏圩附近集结，兼指挥教导总队和地方团队，侧击邕钦公路北段日军各据点，破坏公路，并封锁左江，阻敌向邕龙公路进犯。12月14日，该军从武鸣秘密出发，在同正、驮卢渡过左江，18日到达目的地，而进犯龙州之敌已越过东门镇西去，131师遂占领东门，准备伏击回窜之敌，188师占领山圩，向吴圩、唐报日军据点攻击。进犯龙州的日军及川支队3000多人，一面行军，一面与民团作战，沿途抢掠食物，吃饱又走。20日窜到明江，忽接今村急电，告知昆仑关危急，着派伊藤大队（配装甲车数辆，山炮、迫击炮各一小队，共984人）分乘105辆汽车赶回南宁。131师、教导总队和绥渌团队在西长至模范圩间的公路两侧布置网袋，进行伏击，未能阻止日军。26日日军回到南宁。及川率领剩下的日军2000多人继续进犯龙州，龙州区民团指挥李新俊、赖慧鹏率基干队阻击，挡不住日军骑兵冲击，退入城内巷战，21日午后陷落。龙州四乡民团出动围城，掩护群众疏散。日军11联队长山县粟花生另率一股日军窜犯镇南关，凭祥民团沿途截击，延阻日军前进，掩护转移军用物资，21日晚镇南关也告陷落。24日，日军放弃龙州、镇南关，沿邕龙公路回窜，29日晚回到南宁。回程一路遭中国军队伏击，战场遗尸483具，估计伤亡在1000人以上，占该股日军的一半，而我军阵亡240人，负伤428人，改变了敌我伤亡悬殊的比例。

综计中国军队反攻南宁以来，逐次投入5个军15万人，血战一个月（1939年12月17日—1940年1月17日），伤亡2.3万多人，日军伤亡8100多人。中国军队虽没有打下南宁，但把日军第5师团和台湾旅团主力围困在南宁周围苦守待援，构成了正面战场冬季攻势中最壮丽的一幕。

（三）日军攻袭宾阳

中国军队攻占昆仑关后，无力再攻，桂林行营决定以一部袭扰日军，确保现有阵地，主力整顿队势，实施补给，待后续部队到达。1940年1月10日，蒋介石到迁江前线视察，听取将领们汇报后，决定再抽调李延年第2军、甘丽初第6军、邓龙光第64军增援桂南，反攻南宁，估计援军2月初旬到达，嘱咐前线将领做好反攻准备，相机转入攻势收复南宁。当时的态势是：第37集团军第66军（辖159、160师），并指挥118师，在七塘东侧高地、罗伞山、立别岭一线；第38集团军第2军第9师在九塘、昆仑关及其附近地区；第36军（辖5师、96师）在九塘西、白头岭一线；第99军（辖92师、99师）在桔子岭、鹿鸣山、马鞍山一线；第6军预备第2师在马鞍山以西地区，第93师刚到宾阳；第5军200师位于马缆圩，新编22师在思陇，荣1师撤过清水河北岸位于迁江、北泗地区；第16集团军所属的135师、170师在武鸣，131师、188师在邕钦路西侧至邕龙路地区；第26集团军第46军（辖175师、新19师）和3个独立团位于以灵山为中心的邕钦路东侧。

日军方面，为破坏中国军队的作战计划，确保对南宁的占领，驻华南21军司令安藤利吉在中国军队反攻昆仑关时，决定提前进攻粤北，解除广州外围压力后，迅速转兵南宁，因此命令今村均死守南宁一个月，等待援军。1940年1月10日，日军21军司令部拟订了《宾阳会战指导方案》，以袭击中国军队前线枢纽宾阳为目标，从后面击破昆仑关阵地。1940年1月7日至13日，日军从广东抽调第18师团（师团长久纳诚一）和近卫混成旅团（旅团长樱田武）再次在钦州湾登陆。

1.血战泗峡坳

1940年1月10日前后，日军第18师团和近卫旅团合计兵力3万多人，汽车1000多辆，骡马1000多匹，相继到达钦州湾登陆；另有飞机105架，协同地面作战和轰炸桂柳运输线。邕钦公路两侧国民党军有4个正规师和上万地方团队以及群众武装，阻敌北进。日军首先发动对公路两侧的快速扫荡，把中国军队赶离公路线。1月14日，近卫旅团第1联队2000人，由大塘向路东久坪进犯，与175师523团战于花甲山，被阻不能南下。与此同时，该旅团第2联队一个步兵大队和骑兵百余名，从小董沿板城大道向灵山进犯，遭到新19师56团和屯茂村壮丁团的节节阻击，日军在飞机掩护下，一再增援，逐步推进，穿过板城，入据镇南圩，准备夺取泗峡坳。

泗峡坳是小董通往灵山的一个要隘，其西5公里是灵山县太平圩，其南2公里是钦县镇南圩。坳北有和尚岭、电蒲岭、牯牛岭，山脉连绵，向西达钦县古窦岭。坳南有英雄岭、江塘岭，山峦起伏，直趋板城。两山脉间是一片狭长的田野，一条大道蜿蜒于峡谷间，越过泗峡坳，便进入灵山县境。太平圩是46军军部驻地，日军汹涌东

桂南会战中的桂系175师士兵

进，显然是袭击太平，如果太平陷落，日军设立据点，可南略陆屋，北取蒲庙，西进灵山，我路东部队则无立足地。在共产党员和进步人士带动下，灵山人民向爱国将领蔡廷锴涕泣请愿，向46军官兵恳切陈词，要求守住泗峡坳，不让日寇入灵山。严峻的形势和人民的爱国热情激励着524团团长巢威（该团隶属175师，调为军预备队），他向军长何宣请求出守泗峡坳。14日午后得到上级同意，便率队跑步到泗峡坳口，日军已进到坳底了，侦知是日军先头部队在山下休息待命，一阵火力急袭把日军打散缩进了镇南圩。

15日晨，日军在飞机大炮掩护下，分三路向坳口、江塘岭、电蒲岭进攻，均被524团击退。午后日军增兵再攻，12架日机飞来投掷燃烧弹，满山起火，守军一面扑火，一面战斗，日军乘势冲上坳口，官兵们上刺刀跃出战壕，把敌兵打下去。时值隆冬草枯，大火整夜不熄，映红了天际，照亮了524团的阵地。何宣军长得到启发：何不把邕钦路东的175师、新19师两师调来攻击敌后，既可解524团之危，又可相机歼敌。他询问巢团长能否坚守到两师到达，巢答复：坚决守住，并以首级做担保。何宣即电令175师自北而南，新19师自南而北，包围镇南之敌。

16日拂晓，日军又开始进攻，日机再投燃烧弹，我军已有准备，阵地周围开了火路，大火反乘东北风烧向日军。大火过后，已到中午，日军猛烈炮击，工事半废，守坳口的第9连军官全部伤亡，士兵也伤亡2/3，日军遂占领泗峡坳口。我预备队第2营乘敌立足未稳，立即反攻，两翼高山上的守军亦居高杀下，又把坳口夺回。到下午，日军进攻更猛，泗峡坳、电蒲岭、江塘岭全线告急。巢团长亲率预备队1个连和机枪排，动员非战斗人员参战增援第一线。正在这时，中共灵山特支组织的“灵山青年抗日游击队”和“灵山民众抗日游击队”来到前线，主动参加增援队伍。顿时杀声震天，刺刀闪亮，日军经受不住急袭，陈尸28具，丢弃负伤的浅田大尉和大批枪支而逃。该团经过两天激战，伤亡260多人，消耗弹药80%，手榴弹、迫击炮弹全部打光。

太平镇泗峡坳抗日烈士墓园纪念塔

晚上，钦县镇南，灵山太平、宋泰、旧州、上井5个乡自卫队300多人来到阵地请战，分配到第一线做预备队。驻灵西的广西学生军一个中队也同军队一起冲锋陷阵，有几位学生军士兵献出了年轻的生命。当地民众带来几支杀伤面很宽的“抬枪”守隘，日军吃了铁砂不知为何物，称为“网炮”。午夜，得报日军又从小董增兵，估计聚集在镇南的日军已达4000人，炮12门，天明必有恶战，军民决心与阵地共存亡，挖壕擦枪，枕戈待旦。

17日上午，在炮火纷飞的战场上，出现长长的群众队伍，挑来200多担酒肉饭菜慰劳将士，部队长官收下饭菜，退还烟酒，群众不依，一定要长官全部收下，并亲自把饭菜送上火线。很多群众背着枪来，要求留下参战。在民族战争特定的条件下，真诚抗日的国民党军队都受到人民的爱戴，人民的支援又成为官兵们英勇杀敌的力量源泉。

当天的战斗非常惨烈，日机整天轮番轰炸，日炮打得阵地弹痕累累，日军得到援军后更加凶猛，不是这个山头告急，便是那个阵地被突破。军部把工兵营、步炮营都派来增援了，所有轻伤员、勤杂人员都拿起武器投入战斗。何军长判断敌人如此强攻，是志在必得，两师又不知何时到达，恐怕524团支持不住，遂下令撤退。巢团长抗争说，我军血战3天，100步走了99步，一旦撤退，前功尽弃，对不起死难官兵，更对不起钦灵人民，请军部先撤，巢团准备死守到底。这位临危不惧的青年军官感动了军长，何宣含泪说："巢团不撤，军部也不撤，成功成仁，都在一块。"

当晚，新19师到达牛皮岭，17日晨冲出坳口，从东面进攻镇南圩。上午，175师也进抵和尚岭和新圩，占领了大岗圩，切断日军的退路。新19师的迫击炮摧毁了日军炮兵阵地，步兵迂回到镇南圩的西南高地，形成了合围之势。下午，日军纷纷从泗峡坳、和尚岭、电蒲岭、江塘岭退下，麇集在镇南盆谷上，分兵抗拒我军的环攻。黄昏，日军招来飞机12架，向电蒲岭投弹100多枚，日炮也集中轰击电蒲岭，守军伤亡殆尽，日军拼死冲上岭顶，524团已无兵反攻。深夜，日军从电蒲岭脚下溃围而出，向西北方向潜逃，到达锦屏村，冲散175师师部；经过那香圩，野补团不明情况不加截阻，日军得以逃脱。56团和525团发现敌人逃跑，连夜追击20多里，敌沿途遗弃枪械、尸体甚多，四乡群众鸣锣出动，仅那香某村就缴枪200多支。泗峡坳战斗谱写了一曲军民团结歼敌的颂歌。

翌日，我军围攻电蒲岭上突围的日军，清理战场，日军遗尸200多具，并有几处焚尸场地，余下烧不化的皮靴钉10多斤。此次战斗，估计日军伤亡在400人以上。我军亦牺牲230人，负伤600多人。

2.日军攻占宾阳

沿途经过多次激战，日军于22日到达南宁。与此同时，日军在广州的第21独立飞行队和2个轻型轰炸机中队也到达南宁，共有作战飞机105架。28日，日军第21军司令官安藤利吉命令，向昆仑关地区的国军发起进攻，东出宾阳平原，西攻高峰山区，企图歼灭国军于昆仑关地区。

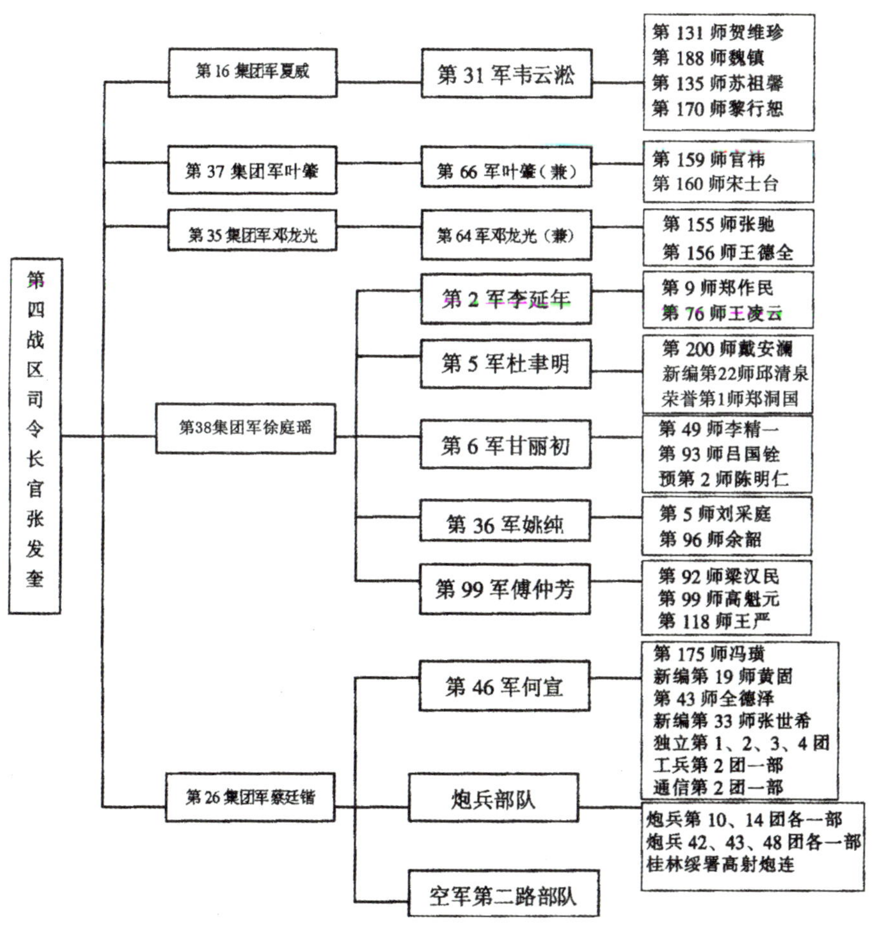

宾阳会战国民党军战斗序列

桂林行营迁江指挥所对日军动向一无所知，遭到突然袭击后，根据蒋介石“确保高峰山区”的电示，立即变更部署，令刚刚到来的后续部队，一部转入高峰山区，一部前往宾阳南部山区进行堵截。高峰山区阻击战和宾阳地区遭遇战由此展开。

甘棠遭遇战 日军第18师团（辖23旅团、35旅团）由邕江南岸东进，以骑兵第22大队为先锋，先后攻占良庆、蒲庙、永淳，并以一部保障侧翼安全，主力继续东进。国军第175师主力奉命尾击，但未能接敌。桂林行营迁江指挥所得知甘棠西南有日军骑兵活动，遂改变原拟收复南宁的兵力部署，令刚到宾阳的第38集团军第2军第76师速向甘棠前进，第35集团军64军速从贵县向甘棠方向挺进，46军第175师迅速北上，第5军战车1个连速向甘棠方向机动，准备配合友军作战。

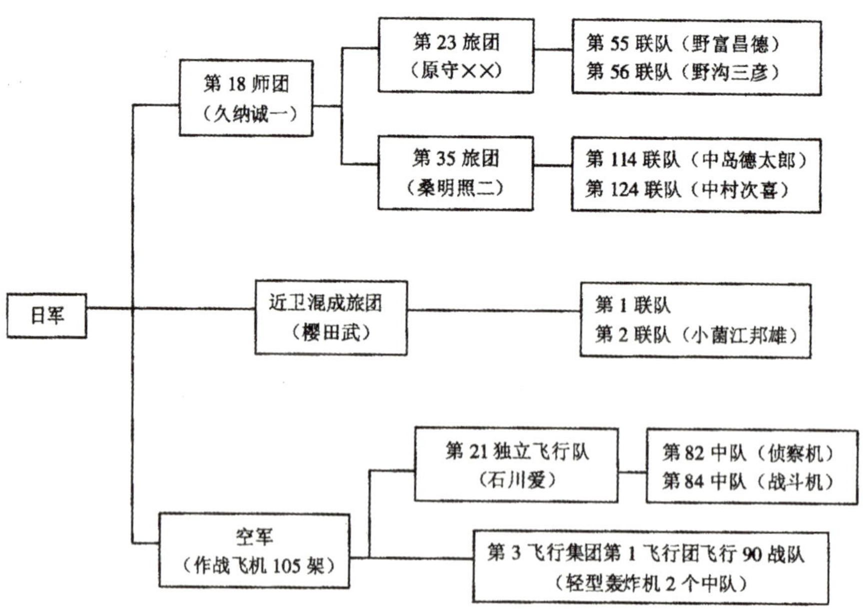

宾阳会战日军战斗序列

29日，国军第76师先遣团1个营到达甘棠，未见日军。师长王凌云当晚率主力到达古辣，令1个团前往露圩担任警戒，另一个团向甘棠前进，自率补充团随后跟进。30日7时，先遣团另一个营亦到达甘棠，因无敌情，遂烧火做饭。正吃饭间，忽闻村民来报："骑白马、穿黄衣的部队往甘棠来了，不知是何部队？"该营随即派出一个连前去侦察迎击，当行至福田、逢村时，与日军骑兵遭遇，未及展开，已伤亡过半，余部逃回。甘棠的国军仓促展开，占领有利地形，进行防守，坚持了1小时，即向北败退，当日15时，日骑兵进占甘棠圩。接着，日军步骑配合向北突进。国军第76师主力与日军遭遇，仓促占领甘棠北5公里的高山至其东侧露圩一线高地进行阻击。鉴于甘棠方面告急，第38集团军命令新到宾阳的第6军49师，抽1个团归第76师指挥。当日该团到达古辣，但未能与师长王凌云取得联系。

这时，第64军主力正分别由横县至青桐和瓦塘至覃塘行进，距离甘棠尚有60—120公里的路程。深夜，桂林行营主任白崇禧到达迁江扶济村指挥所，认为由甘棠北进之日军对国军威胁最大，乃命令：第46军率175师速向陶圩推进（距甘棠约70公里）；第64军速向青桐推进（距甘棠约40公里），统限于2月1日到达。31日，第76师阵地受到日军第18师团23旅团猛烈攻击，右翼被突破。王师长见日军主攻方向在右翼，遂将左翼警戒露圩的1个团调至右翼高山地区，而以师部工兵营、特务连和已在该地区修工事的独立工兵第2团6连到露圩担任警戒。日军得知露圩方面守备薄弱，遂转移兵力猛攻，守军不支，王师长也仅能抽出数十人增援，已无济于事，露圩失守。接着日军向西卷击，第76师已牺牲团长、营长4名，连长以下官兵伤亡2/3。第49师1个团奉命在古辣占领阵地防守。2月1日零时，遵照军委会决定，第4战区司令长官张发奎接替白崇禧负责指挥桂南战场作战，由陈诚协助。鉴于甘棠方向为战局的重心，张发奎下令于第二天进行反击。令：第76师固守现有阵地，掩护第49师集结，第118师、160师迅速向甘棠之敌侧击，第64军、46军速向青桐、陶圩集结，尔后向甘棠方向推进。当日，第76师被日军包围，情况不明。日军后续部队拥向甘棠。第49师因情况不明，与日军遭遇，伤亡甚重。自晨至昏，日军飞机轮番对古辣、武陵、马缆圩及其附近地区进行轰炸，电报电话线全被炸断，第5军1个炮兵连配属给49师在武陵附近挤在路上，4门野炮全被炸毁，人马伤亡过半。当日19时，日军占领古辣。2日，日军由古辣向大桥、邹圩方向进犯。张发奎的反攻计划未能实施。3日14时30分，日军第35旅团进占邹圩，其师团骑兵大队前出至清水河南岸。国军新编第33师先遣第97团于4日4时10分到达清水河北岸，在八仙岩、弄排、松柏一线布防，阻止日军北犯。

雷劈岭、太平村遭遇战　日军樱田近卫混成旅团沿邕宾路东进，在第5师团的指挥与掩护下，于1月26日黄昏后，在六塘北侧小林村

日军行进在伶俐附近

击退国军第99师一部的阻击，集结于七塘。尔后，脱离第5师团指挥，于27日午后，派先遣分队向东南窜犯，经大盆村往伶俐圩，击溃国军第99师留守的1个营，当晚进占伶俐，继向六景前出。主力则绕过国军第66军阵地，钻山沟走小路，沿六排、王厄、三状岭东侧北进。28日晚，第37集团军（总部在黎塘）总司令叶肇令集团军预备队第160师张团和159师野战补充团分向伶俐、三岔出击。至29日下午，野补团报称已到三岔，向六景搜索，未见日军踪迹。30日，第38集团军命令刚到宾阳的第6军49师前往堵截。该师打算以先遣团前出至第76师右侧，另两个团准备进至中华圩、山口圩地区集结待机。深夜，白崇禧命令第49师以汽车运送，向武陵东南地区增援，命令第66军抽2个团向那河之日军侧击，第118师1个团向六景前进。31日，根据白崇禧的命令，第66军第160师师长宋士台率2个团东进，拟围歼甘棠东西线之日军，行至六景西南侧雷劈岭附近与日军遭遇，双方展开激战。日军以少数兵力牵制国军，主力仍向北疾进。第49师先遣团前出至太平村，适与日军遭遇，就地阻击无效。正午，天气放晴，日军第21独立飞行队82中队的军用侦察机临空，发现“约万余人和50余辆汽车沿宾阳至武陵的公路南下”。接着，日军由南宁机场起飞27架轰炸机，沿宾阳县城至武陵公路轰炸，投掷燃烧弹。第49师空袭过后收拢部队就近占领阵地，准备抗击日军进攻。第200师也在马缆圩地区受到轰炸。

宾阳弃守　日军樱田旅团主力于2月1日钻出山区，进至山口、武陵圩一线。第49师两个团昨被空袭后，正值收拢之际，仓促迎战，未能阻止日军前进。9时15分，日军97式轰炸机7架，轮番轰炸宾阳县城内的军事目标。致使第38集团军指挥机关遭受破坏，对各方联络中断，指挥瘫痪。2日晨，第38集团军总部撤走，当日到达上林县城。日军以骑兵为先导，在飞机直接掩护下。沿武陵至宾阳大道

1940年2月2日，日军占领宾阳

突进，13时5分骑兵进抵沙帽岭，30分进入宾阳县城（今宾州镇新宾圩），同时进占芦圩（今宾州镇）。3日，日军向上林方向进犯。

黎塘阻击战 日军侵占宾阳后，继续向黎塘方向扫荡。2月2日，国军第156师主力到达青桐圩，其先头第932团进到露圩，3日11时尾随日军进至古辣。5日晚，第156师931团、932团进至王灵。6日拂晓，以第932团为第一梯队、931团为预备队，向驻大桥的日军发起攻击，进展顺利，当接近大桥圩时，突遭日军反击，不得已而后退，由931团掩护撤至北沟（黎塘西7公里）。该师第934团、935团分别进至布宁、寨罗（张寨、老罗）地区，卡住黎塘以西公路两侧。日军向王灵猛扑，第931团失去联络，第932团向黎塘东北的樟木圩转移，第934团、935团退守黎塘。下午，日军第23旅团56联队窜犯至黎塘附近，发起进攻，国军当即奋起反击，将日军击退。7日，日军一部向黎塘北侧迂回，配合正面进攻，一度突入圩内，国军组织反攻，双方进行巷战，打了一天，日军于当晚向宾阳方向退去。

9日，日军从上林、武鸣、宾阳撤退。11日，日军第5师团放弃昆仑关，将公路沿线的桥梁、电线、村庄、圩市全部破坏，制造无人区，收缩回南宁外围四塘至高峰隘一带，建造坚固防线据守。13日起，日军第18师团开始南下，从钦州湾下海返回广州。14日，日军成立第22军，以久纳诚一中将为司令官，指挥留守南宁的第5师团和守备邕钦公路的近卫旅团和台湾旅团，桂南会战告一段落。

1940年2月，蒋介石在柳州召开会议，检讨桂南会战得失。会后与白崇禧（左一）、张发奎（左二）、罗卓英（右二）、史迪威（右一）合影

2月22—26日，蒋介石到柳州召开桂南会战检讨会，参加会议的有陈诚、白崇禧、李济深、张治中及各集团军总司令、军师长和行营主管官员近100人。蒋介石严厉批评高级将领“无决心，无战斗意志，非亡国不可”。会议结束后，白崇禧、陈诚以督战不力，给予降级处分；37集团军总司令叶肇以违令避战，贻误全局，撤职交军法审判。38集团军总司令徐庭瑶、36军军长姚纯和参谋长郭𫚭、66军军长陈骥、49师师长李靖一、160师师长宋士台等，或处置不当，或放弃阵地，或作战不力，均撤职查办。奖励35集团军总司令邓龙光、46军军长何宣、76师师长王凌云，各记功一次。

（四）粤桂南人民的抗日斗争

1.钦廉地区的抗日武装斗争

日军从钦州湾入侵广西后，钦廉地区的中共组织，领导人民群众开展了不屈不挠的抗日武装斗争。中共北海市组织争取国民党合浦县第五区的支持，建立了一支50多人枪的学生武装，由中共党员担任队长、指导员。国民党军队撤退后，他们日夜守卫着北海，监视日军在海上的行动，袭击日军巡逻艇，还深入农村发动农民，建立农村抗日据点。其时蔡廷锴率第26集团军总司令部进驻灵山，支持人民抗日，这给中共钦廉地方组织的工作提供了有利条件。中共合浦中心县委派一名灵山籍的党员回灵山工作，该党员和当地进步青年组织青年抗日游击队，后又动员一位爱国人士组织灵山人民抗日敢死队。1940年1月，这两支抗日武装和广东南路抗日游击队一起，开赴泗峡坳前线参加截击日军的战斗，同时发动当地的抗日自卫队和青壮年妇女共数百人，配合中国军队作战，激战3天，取得重大成果。

钦廉地区人民武装抗日的另一种形式，是参加国民党军队的政治工作队及其组建的地方抗日游击队。当时，蔡廷锴的第26集团军成立了政工队，并在各地组建抗日游击队。5月，中共合浦中心县委派7名党员到灵山工作，和当地的党员和进步青年一起参加政工队，并在灵山建立中共特别支部。6月，又派12名党员到钦县南路第9游击队工作。两个特支在灵山、钦县抗日前线开展抗日宣传，发动群众，组织抗日武装，和正规军一起对日作战，保卫村庄。

泗峡坳抗日战地旧址。1940年2月，中共灵山特支组织抗日青年游击队和当地民众抗日自卫大队，配合国民党军队在此作战，毙伤日军400多人

1939年2月，日军侵占海南岛，企图把它建成控制太平洋和东南亚的基地。钦廉的一些官僚、地主、奸商竟然为虎作伥，偷运大米及其他战略物资到涠洲岛、海南岛资敌，引起了广大群众的极大愤怒。1940年3月，中共南路特委常委温焯华在中共合浦县工委扩大会议上，传达中共中央发表的《为抗战两周年纪念宣言》。会议决定发动群众，开展反汪反逆流斗争。会后，西场、廉州、小江、寨圩、白石水等地的广大群众，举行声势浩大的反汪、反资敌大会，向当地政府请愿，强烈要求禁止运米资敌，严惩奸商，还到江边拦截待运的米船、竹筏，将没收的大米平价出售给群众。合浦一中、五中及寨圩简师的学生开展的反对汪派分子和反动校长的斗争浪潮波及全县。

5月，中共南路特委将合浦县工委改组为合浦中心县委，加强对人民抗日斗争的领导。县委书记黄其江获悉国民党合浦县政府即将派兵镇压白石水地区群众的抗日斗争，即赴白石水，与该区区委共商对策。是月下旬，中共白石水区委在梳檬坳召开反击顽固派武装镇压群众和抗日反汪斗争誓师大会。参加大会的有农民、学生、教师和各阶层人士千余人，武装人员数百人。8月，成立白石水抗日武装大队，由张世聪任大队长。国民党顽固派连续出兵“围剿”白石水，均被粉碎。1941年9月，国民党顽固派对白石水进行第四次“围剿”。在此期间，县委执行广东省委指示，撤退干部，解散队伍，埋藏枪支，国民党顽固派更疯狂地“进剿”，抓去群众千余人，并强迫他们“自新”，缴枪罚款。其后，又把40多人关进监狱，其中20多人被折磨致死。尽管如此，在党的领导下，白石水地区和钦廉地区的人民群众仍然以各种形式坚持抗日斗争。

2.宾阳、邕宁等地人民的抗日活动

桂南会战期间，昆仑关北麓的宾阳县人民从人力、物力、财力等各方面积极支援军队作战。为了防止日军北进宾阳，该县5万多群众手持火把，冒着严寒，执行破路毁桥任务，三天之内，破坏了全县的公路桥梁。同时组建了县抗日游击大队，共300多人枪，分4个中队，开赴昆仑关，协助部队作战。全县有6万多名青壮年应征，组成44个运输队，日夜出动，把粮食、弹药运送到前线。全县妇女积极为部队官兵赶做军鞋，先后捐献了2万多双。她们还组织洗衣队，日夜为部队官兵洗补军衣。战地附近的群众组织了义勇救护队，冒着枪林弹雨救护伤员。宾阳中学师生组织了抗日救亡宣传队和战地服务团，深入乡村进行宣传鼓动，到前线进行战地服务工作。县军民合作站为新到部队安排住地，筹备军粮、稻草，收集转送慰问品，传递公文，当翻译，做向导，侦察敌情，解决各种困难。

这期间，以中共党员为骨干的南宁、玉林等地的战工团、广西学生军、广西地方建设干部学校战地服务团和各地军民合作站，以及邕钦公路沿线的游击队和其他群众抗日武装，在作战前沿地带和日军后方发动群众坚壁清野，运送粮食弹药，救护伤员，慰劳军队。同时，组织群众破坏日军必经的道路和桥梁，截击日军的运输车辆，打击日伪的维持会组织，捉拿和惩治汉奸，扰乱日军的后方，使在邕钦线上的日军日夜不得安宁，在南宁和昆仑关的日军弹药、粮食供应受到阻滞，有力地支援了军队在邕宾线和昆仑关的战斗。在华日本人民反战同盟西南支部负责人、日本反战作家鹿地亘也带队到昆仑关前线，冒着猛烈炮火向日军做反战宣传。

日军占领南宁后，位于南宁东南的邕宁县八尺区民众成立了游击大队，共500人枪，分4个中队。他们集资买进了一批机造步枪和20

多挺机枪，增强了战斗力。在日军占领桂南期间，这支游击队始终坚持游击战，屡创日军。1940年10月，日军撤出桂南后，广西学生军团第3中队进驻八尺区进行善后工作。该中队的中共支部吸收了八尺区抗日游击队的4名骨干分子入党，建立了八尺区党小组。当月，国民党当局下令解散这支游击队，并收缴枪械。游击队把武器埋藏起来，人员分散隐蔽。在日军第二次入侵广西时，他们在党的领导下又拿起武器，英勇抗击日本侵略者。

日军撤入越南后，中共中越边支部书记谭统南于1941年6月在靖西县安宁乡组建中越边境抗日游击大队，自任大队长。该大队协同越南独立同盟领导的抗日武装，在中越边境两侧开展抗日游击战争达4年之久。

（五）收复桂南

1940年2月，日军重占昆仑关后，敌我处于相持状态。从3月至10月，中国军队在桂南对日军作战百余次。1940年10月12日，日本陆军省调第5师团到上海进行登陆作战训练，以备南侵，滞留在龙州一带的第5师团一部，13日受到中国军队的猛烈攻击，无心恋战，于27日夜全部撤离龙州入越。正值188师袭击该城，遂将日军残余小队驱逐，于28日晨克复龙州。明江以东的日军近卫混成旅团向钦防撤退，明江以西的第5师团急向凭祥方向逃窜。188师向凭祥、镇南关追击，因河川阻隔，桥梁尽被破坏，前进缓慢，30日追到凭祥，与日军后续部队激战，日军大队已退入越南，只有100多人盘踞镇南关，依险与我军对峙至11月30日，始退入越南。

10月22日，日陆军省基于南侵原因，调近卫混成旅团到广东汕头（后改为中山），调台湾旅团到海南岛，扩编为第48师团。两部均进行热带作战训练。26日，日军为缩小中国战场，转用兵力南侵东南亚，下令撤出邕钦地区，而中国军队的10月出击，则加快了日军撤退的进程。

27日，南宁日军向设在亭子的美孚、德士古、亚细亚3洋行强行索要10辆汽车的汽油，做运输燃料之用。28日晚，南宁城内日军全部退到邕江南岸。29日凌晨，南宁外围各据点的日军秘密脱离接触，乘汽车经南宁渡过邕江。8时爆破南宁至亭子的浮桥。9时半，南岸最后一批日军警戒部队上汽车沿邕钦公路南行。因此，飞机场、城防工事、电线、电厂、自来水都来不及破坏，市内电灯亮着，日军司令部陈设照旧，中华电影院的椅子排得整整齐齐。29日晨，64军发现日军逃跑，派156师沿邕宾公路追击，159师向邕武公路追击，两路直捣南宁，155师则从永淳渡江，向邕钦公路东侧推进。中午，各部克复心圩、大塘村、高峰隘、四塘、剪刀圩等要点。156师以工兵连、便衣连、快速队开路，向南宁疾进，日机10多架在二塘、三塘低空盘旋轰炸，沿途埋设地雷甚多，我军触雷伤亡数十人，影响大军前进，乃派便衣连先行择道跃进，16时许到达南宁，城内已无敌踪，只有少数汉奸流氓在劫夺财物，遂将之驱散。而先期潜入南宁的学生军敢死队，利用群众收藏的武器，夜间在各处鸣枪骚扰，放火焚烧仓库，使日军疲于奔命。30日凌晨，156、159两师相继入城。午后，学生军、邕宁县府和各军政工队也进城抚民。躲进外国教堂、医院11个月的几百名老弱病残者拥上街头，欢迎军队和国旗，他们个个蓬头垢面，老泪纵横，说："终于盼到国军打回南宁了，我们3天吃一餐也甘心，饿死不当亡国奴。"

1940年10月30日，中国军队克复南宁

从南宁撤退的日军是近卫旅团及22军军部，约1万多人；守备钦县的台湾旅团亦同时收缩兵力，在钦州附近占领阵地，掩护撤退。日军士气低落，军纪败坏，沿途抛弃钢盔、子弹、马匹、油、粮食甚多。10月30日，日军退出吴圩，31日退出大塘，在吴圩、大塘建造的大批锑瓦木屋亦来不及拆卸，即向钦县小董逃去。

30日，156师一个旅渡过邕江，沿邕钦公路急追，155师从永淳渡江后，向刘圩、那马疾进，准备在唐报截住敌人。但两部追到唐报时，敌人已远去。156师遂回驻南宁，155师继续沿邕钦公路东侧的百济、新棠取直线推进，直插小董。与此同时，在扶南、同正、崇善一带作战的46军，闻敌撤出南宁，立即挥师南渡左江，跨过邕龙公路，170师和新19师两师进出大塘、南晓，截南逃之敌；175师和131师两师经绥渌、上思，攀越十万大山，进出钦县贵台、大直。活动在灵山、合浦、钦县的南路游击队第2、第4、第5、第

8、第9支队，集结到大塘以南、邕钦公路以东地区，袭击小董、大垌。中国军队士气旺盛，逢山过山，逢水过水，不顾疲劳，日夜兼程前进。苦斗了一年的桂南人民扬眉吐气，万众欢腾，全力支援军队追击。日军出动庞大机群掩护撤退，凡见我军移动，或是渡口要地，均反复轰炸。特别是小董以南邕钦公路两侧的村庄圩镇和森林地带，遭到破坏性的轰炸，给我军造成不少伤亡，并使我军给养困难，影响了进军速度。

11月上旬，聚集在钦州海边的日军有2万多人，大量辎重物资待运。为了掩护撤退，日军利用钦州北面5公里的一条横亘东西的山地，以及东面的钦江、西面的黄屋屯江，设置阻击线，派军队三四千人日夜抢筑工事，以邕钦公路上的平乐桥为核心阵地，布上几层铁丝网和侧防机关。11月1日，南九游击队克复小董。2日，南五游击队克复大垌。3日，游击队与日军在平乐桥接触，155师先头团追到。6

1940年，南宁收复后，民众纷纷归家

日，170师进至罗蒙、小董，协同155师和游击队全线发起进攻。8日，155师攻占平乐桥，170师攻占白土、英龙岭，但日军仍逐山抵抗。正当平乐桥鏖战时，我东西两翼部队已插入敌之腹地。原在上思打游击的135师403团翻过十万大山，与防城南六游击队推出蛹仑，沿钦防公路东进，连日进迫日军西翼桥头堡茅岭。7日，175师从大寺南下，131师从大直东进，攻击钦州西翼的黄屋屯，以截击自钦防公路退至金鸡塘登船之敌。13日，西路军进占黄屋屯，立即向金鸡塘进逼，南四游击队则从东面合钦公路插入钦城北郊的清水河，日军阵脚大乱，向金鸡塘、辣椒槌两处溃去。14日，南四游击队首先进入钦州城，并追击从辣椒槌下海之敌。这时，麇集在金鸡塘海边的日军还有四五千人。16日，西路军从黄屋屯推进至康熙岭，重创了日军的掩护部队，一面用重炮轰击敌滩头阵地，一面用骑兵迂回。日军不支，慌忙逃向沙坡码头，并炸断浮桥，把数十名日兵丢在河东，被我军击毙或俘虏。17日，175师轻兵在金鸡塘渡河，沿钦防公路西追。403团和南六游击队沿钦防公路东进，占领茅岭，两军隔着茅岭江欢呼胜利，日军登舰狼狈逃窜出海，我军收复桂南。

四

中流砥柱

抗日战争全面爆发，国共两党再度携手，全民族共同抗日的新局面形成。新桂系当局坚持两面政策，一方面联合中共中央共同促蒋抗日，维护民族革命；另一方面又不断镇压中共广西地方组织的抗日活动。在八年全面抗日战争中，中共中央和广西地方党组织始终坚持抗日民族统一战线的方针，高举团结抗日救亡的伟大旗帜，为推动和争取国民党新桂系集团共赴国难并坚持抗日到底，领导八桂各族人民争取抗战在广西的胜利做出了重要贡献，不愧为抗日战争的中流砥柱。

（一）八路军驻桂林办事处

八路军桂林办事处，全称第18集团军驻桂林办事处，是中国共产党设于国民党统治区的一个公开合法的军事机关。1938年11月中

八路军桂林办事处设在桂林市桂北路138号（今桂林市中山路98号）“万祥醴坊”的一栋两层楼房里

旬建立，1941年1月20日撤销。在这两年多的时间里，它为贯彻党的抗日民族统一战线的方针政策，领导桂林抗日救亡文化运动，领导广西地下党和联络华南以及南洋各地下党组织，筹运军需物资，输送过往人员，开展了广泛的活动，做了大量卓有成效的工作，立下了不可磨灭的功绩。

1938年8—9月间，中共中央长江局负责人周恩来、董必武、叶剑英等同志，分析了当时的形势，估计不久武汉可能失守，即研究决定，在重庆、桂林建立八路军办事处，并派武汉八路军办事处副官刘恕偕党外友好人士熊子民到桂林进行筹备工作。刘恕等到桂林后，即租用桂北路138号“万祥醻坊”黄旷达的一幢两层楼房作为办事处的办公用房，在城北距市区7公里处的灵川县路莫村和金家村，租用了几间农民房屋作为机要电台、仓库、接待过往人员和转运物资的驻地。

1938年10月25日，周恩来率邱南章等最后撤离武汉的途中，和郭沫若以及陈诚、白崇禧同行。周恩来对白崇禧谈了国共合作和抗日战争的战略战术问题。当谈到中共要在桂林设立八路军办事处，请白支持时，白当即表示同意。这样，双方就我党在桂林建立办事处的问题实际上达成了口头协议。

武汉沦陷前夕，八路军武汉办事处人员分两路撤退。一路由钱之光负责，随董必武到重庆建立办事处；一路由李克农带领，到桂林建立办事处，于11月中旬到达桂林，正式建立了八路军桂林办事处，对外称国民革命军第18集团军驻桂林办事处，又称第18集团军桂林通讯处，对内它是中共中央南方局的一个派出机构。

八路军桂林办事处成立后，利用合法地位，继续广泛开展对新桂系、民主进步人士以及各阶层群众的统战工作。公开做桂系首脑人物统战工作的，主要是周恩来、叶剑英、李克农等领导同志。

八路军桂林办事处成立后，中共中央南方局书记周恩来（右）、八路军参谋长叶剑英曾多次莅桂指导工作

“八办”在桂林的两年多时间里，周恩来3次到桂林，指导桂林“八办”打开工作局面，并且他在重庆南方局期间多次对桂林“八办”及时做了许多重要指示，使桂林“八办”很好地肩负起推动国统区的抗日救亡运动、筹集物资支援八路军和新四军、加强党在国统区的工作等重要任务，为抗日战争做了大量卓有成效的工作。

周恩来从抗战一开始，就受党中央的委派，到国民党统治区去做统战工作。第一次到桂林是1938年12月，周恩来由湖南衡阳到重庆时途经桂林。12月3日，周恩来由衡阳抵桂林。到桂林后，他便以其公开的政治身份，广泛接触在桂林的国民党高级军政人员和各界爱国民主人士，向他们宣传我党的抗日统一战线政策和抗日战争形势，团

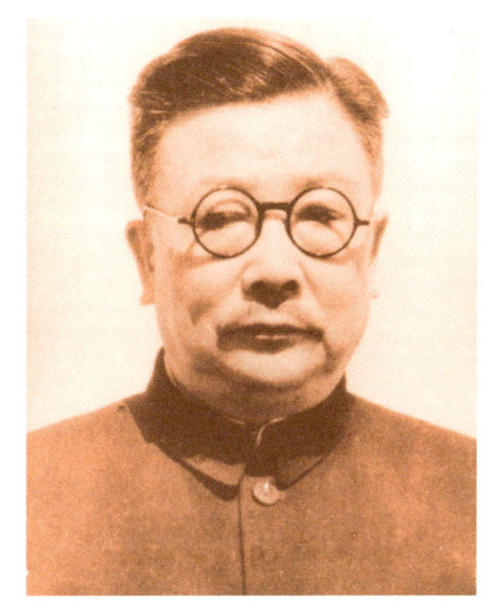

李克农（1899—1962），安徽巢县人。1938年11月任八路军桂林办事处处长，主持桂林办事处的工作，党内任中共中央长江局（后为南方局）秘书长

结、动员一切力量共同抗日。他在“八办”听取了李克农等人的汇报，并对广西的统战工作和广西地下党的组织工作等做了具体指示。12月6日晚上，在桂林的蒋介石特地在军事委员会桂林行营约见周恩来。周恩来应约赴见，并对蒋介石的“溶共”政策进行驳斥。12月8日下午3时，周恩来应邀出席国际反侵略运动大会中国分会在大华饭店举行筹备成立桂林支会的茶话会。到会的有广西各界人士及在桂林的全国文化教育界著名人士陶行知、千家驹等，还有日本反侵略作家鹿地亘、池田幸子，共100多人。周恩来在会上热情地做了关于抗战形势的演讲。他讲武汉失守和长沙形势和任务，讲中国共产党坚持持久、全面抗战的战略，讲今后在长期战争中我们有着地大、人口多、特产丰富、金融稳定、交通方便等五个方面的胜利条件，鼓励大家积极、乐观、刻苦、团结奋斗到底。在桂林期间，周恩来还到桂林中学召集国民政府军事委员会政治部第三厅到桂人员和该厅所属抗敌剧团、宣传团队及新安旅行团干部人员开会演讲；接见了在桂林文化界工作的中共党员和进步文化人士胡愈之、范长江、千家驹、陶行知等，指示他们要有持久战的思想准备，要讲究策略和注意隐蔽，不要过于暴露；还派随从副官到新安旅行团的驻地看望该团“孩子剧团”的团员们，并给他们送去了毛泽东《论持久战》一书。12月11日，周恩来离桂赴渝。

八路军桂林办事处电台工作人员在工作

1939年2月中旬，周恩来由重庆途经桂林赴皖南新四军检查工作。2月15日，周恩来第二次抵达桂林。16日，周恩来应邀出席桂林行营举行的“军委会军训部成立周年纪念会”，并发表“军训工作之重要”的即席演讲。他从加强培训刚走上战场的新兵，培养那些能作战、能组织、能动员民众的部队干部，训练有近代化军事知识技术的国防军等方面，说明军训部责任的重大。最后他号召大家“要造成今天的全面战争，同时要准备着明天的决战”。当晚，周恩来出席了白崇禧的招待宴会后，赶到路莫村向桂林“八办”全体人员和桂林文化界的党员干部做报告，传达中共六届六中全会精神。17日，周恩来在听取李克农、石磊（曹瑛）等汇报工作后，对我党在国统区的组织和宣传工作做了具体指示：要坚决执行隐蔽精干的方针，广西地方党组织的工作应放在下层，不忙发展党员，工作重点是认真整顿好组织，建立短小精干的领导机关；要注意宣传好毛泽东的《论持久战》

八路军桂林办事处部分工作人员在桂林北郊驻地路莫村合影

及其最近发表的其他著作；要利用一切机会，采取一切办法，动员广大群众投入到抗日救亡运动中去；在讲团结抗战时不要忘记国民党顽固派在搞分裂投降活动，要警惕新桂系与蒋介石的反共阴谋同流合污；要加强理论、政策学习，时刻以党中央的路线方针政策检查党的工作。18日，周恩来离开桂林赴皖南。

1939年4月29日，周恩来从皖南返重庆时，第三次到桂林。在桂林期间，周恩来应邀出席了田汉、夏衍、欧阳予倩等各界人士100多人在大华饭店举行的欢迎宴会，在桂林市参议会会议室接见了杨东莼、胡愈之、张志让、周钢鸣等中共党员和进步人士。在同他们长达3个小时的谈话中，周恩来揭露了国民党顽固派消极抗日、积极反共、不断制造摩擦的阴谋，号召巩固和扩大抗日民族统一战线，对投降派和顽固派进行斗争。周恩来得知国民政府军委会政治部在桂举办的“日文日语训练班”是为了配合对日军作战，用日文、日语向前线的日军官兵做反战宣传，训练班由共产党员冯乃超任大队指导员后，立即抽空前往训练班，为学员们做关于“如何粉碎敌人的阴谋”的报告，勉励学员为争取抗战的最后胜利做出自己应有的贡献。5月3日，周恩来接受《救亡日报》记者姚潜修采访时，畅谈了“五四运动”的重大意义，号召青年发扬“五四”精神，坚持抗战，并讲述了浙江妇女营深入敌后打游击的事迹。周恩来还亲自到东江镇小学看望新安旅行团的孩子们，给他们很大鼓舞。5月6日，周恩来离开桂林赴重庆。

叶剑英作为南方局的领导成员之一，在主持南岳游击干部训练班期间，以公开的身份，多次到桂林做了多方面的工作。他到桂林时，经常住在黄琪翔为他提供的一处住处。这里实际上是八路军办事处的一个秘密联络点。他与李克农等一起研究具体工作部署，领导办事处人员着重做好桂系的统战工作和广大后方军民的抗日宣传工作。

八路军桂林办事处接受华侨送给八路军的汽车和锦旗，旗上题词为“血肉长城”

1939年5月28日，在桂林各界团体联合举办的第18次时事讲座大会上，叶剑英发表了《积小胜为大胜》的演说，听众非常踊跃，到会有1000多人。叶剑英在演讲中精辟地分析了抗战进入第二期以后的时局，指出我们虽然在战略方面还是以持久来对付速决，可是在战术上则可运用“用全力求小胜”“以大力打小仗”的办法，消耗敌人的力量，增加自己准备反攻的力量；强调一定不要忽视小胜，而要争取小胜，“积小胜为大胜”。他说，我们在战略上的防御和战术上的运用，一切都是为着进攻，争取最后胜利的到来。这个时期，桂林出版的《救亡日报》《扫荡报》，及在桂林发行的《新华日报》上，先后发表了叶剑英的《二期抗战与游击战》《正规军当前的任务》《在敌后的两年》《游击战线上目前军事问题》等演讲内容和文章，为扫清在国统区曾流行的“亡国论”，坚持团结抗战，坚持持久战，增强抗战最后必胜的信念，起到了很好的作用。

经中共广西组织介绍，广西先后有100多名中共党员和进步青年奔赴延安

为了团结桂系坚持抗战，反击国民党顽固势力阴谋反共投降的逆流，叶剑英协助周恩来对桂系首领李宗仁、白崇禧等人及桂系内民主人士，做了大量的统战工作。他还先后应邀到广西学生军第二团、国民党第16集团军军官团向官兵们做了《现阶段的游击战与正规战》《国际形势与抗战形势》的演讲，受到欢迎。5月21日，叶剑英应广西省主席黄旭初和地方建设干部学校教育长杨东莼邀请，在白崇禧的陪同下，骑马到桂林东郊学校，向全校师生做了题为《当前战局之特点》的演说。他还接受广西大学进步教授的邀请，为学校全体师生做过形势报告。

叶剑英在南岳和桂林期间，还同后来成为越南民主共和国主席的胡志明有过一段亲密交往，建立了深厚的友谊。当年胡志明从延安到重庆，又到桂林，在八路军桂林办事处救亡室工作过很长一段时间，

1940年冬，国民党顽固派掀起第二次反共高潮。桂蒋合流反共，广西政治形势恶化，皖南事变后，周恩来指示八路军桂林办事处紧急部署撤退。1941年1月20日，八路军桂林办事处被迫撤销，办事处工作人员撤回重庆或延安。图为部分返回延安的人员合影

尔后曾以“八路军桂林办事处通讯班长”的身份到南岳训练班学习和工作。1939年6月，叶剑英从桂林去贵阳。

（二）能文善武的第三届学生军

鉴于第一、第二届学生军在抗日救亡中的积极作用，广西当局于1938年11月组建了第三届广西学生军。学生军共4200多人，编为3个团。

中共广西省工委积极动员和派遣共产党员并带动广大青年学生参

广西第三届学生军阵容。1938年11月底，国民党广西当局再次组建学生军（史称“第三届学生军”）。这届学生军有4200多人，分3个团，其中有中共党员100人。1940年5月，学生军在隆安下颜整编为学生军团，人数为1000多人

加这支队伍。青年学生中的中共党员积极响应省工委的号召，报名参加了这支学生军，人数约100名，他们分布在各个团。学生军中的中共党员大部分当了班长，有一部分还担任了大队和中队的政治指导员，基本上掌握了学生军基层活动的主导权。3个团分别成立了中共党支部，由省工委代书记陈岸和省委委员黄彰直接联系。1939年初，省工委根据上级关于不在桂系军队中建立中共党组织的规定，撤销学生军中的党支部，改为党员个别联系。

1938年4月，学生军经集训后分赴各地。第一团到桂东、桂中，第二团到桂东南，第三团到桂西南。他们分别在30多个县开展抗日救亡宣传。各团的中共党员认真贯彻省工委的指示，带领学生军战士切实开展抗日救亡运动。他们每到一地，就走家串户，访问群众，参加各种农事活动，同群众打成一片。然后，通过举办报告会、座谈会，出版墙报，张贴标语，演出戏剧，教唱歌曲，等等，向群众宣传抗日救亡，揭露日军侵华暴行，痛诉沦陷区人民所受的深重灾难，激发人民群众抗日救国、保卫家乡的热情。在群众发动起来的基础上，学生军在各地城镇、乡村普遍举办了各种识字班、读书会，开展演戏、歌咏等活动，活跃群众文化生活，提高群众政治思想文化水平，引导群众关心国家大事和时局发展。他们还参与地方的民事工作，为民众排忧解难，处理纠纷；协助当地政府处理政务，解决疑难问题；引导和帮助群众组织抗日武装，进行政治学习和军事训练，把青年、妇女，以至老人、儿童，都组织到抗日救亡的行列中来。他们所到之处，抗日救亡运动迅猛兴起，受到了各阶层人士的信任和爱戴。群众誉称学生军是“兵王”。

1939年11月，学生军进行整编，由3个团整编为2个团，分别部署在桂东南和桂西南的战事前沿地带。11月下旬，日军向桂南发动进攻，桂南会战爆发，广西学生军积极投入战地服务工作。学生军深入战地，发动群众为正规军做向导，找驻地，供应粮草，运送弹药、物资和伤病员；调解军民纠纷，改善军民关系；协助政府收容、接济难民；组织战地农工商贸，缉拿走私，打击奸商；深入敌后，侦察敌情，惩治汉奸，打击日伪政权；配合地方政府组织民工破路，破坏日军的运输线。学生军代军队筹集军粮10万余斤，抬救伤员1000多次，协助解决军民纠纷6000多次，组织群众破路400多次，破坏飞机场2次。学生军还独立或配合正规军和游击队对日军作战共130多次。如，12月1日，学生军的一个班配合国民党部队，在邕钦线上向日军的一个宿营地发起夜袭，歼敌近百名，缴获步枪80多支、小钢炮1门和一批物资。至次年春，广西学生军一直在桂南战区前沿地带组织群众支前，配合部队作战。学生军在战地开展的宣传和服务工作，有力地配合了部队作战，为前线抗战取得胜利做出了重要贡献。

1939年南宁沦陷期间，广西抗日学生军参战978次，其中有10

学生军女生队的合影

多名正值青春年华的学生军战士牺牲在抗日战场，用热血在抗日战争史上谱写了一曲悲壮动人的青春之歌。

1940年5月，学生军在隆安县进行整编，从中抽调800人到第16集团军干训班受训，准备在结业后分配到桂军连队任军官。余下1200人组成一个学生军团，编为3个大队，归集团军总部直接领导。学生军中的中共地下组织利用这个时机进行了整顿。经中共南宁特支书记黄书光请示桂林“八办”同意，在学生军恢复建立党组织，成立了总支委员会，归南宁特支直接领导，书记杨烈。接着，在学生军团的11个中队和曙光报社，共建立了12个支部，发展了40名共产党员。整编后的学生军团，主要任务是进行战地工作，加强军民合作站工作，在时机适当时开辟敌后根据地。学生军团中共党总支根据新的形势，提出中共在学生军中的根本任务是：“巩固学生军团，并争取其进步，以支持广西的进步力量。”

1940年8月底至9月初，参加军民合作站工作的学生军第3大队从隆安下颜出发，被分配在军民合作站柳州总站及其所辖的忻城、宾阳、贵县、田东县等7个支站、58个分站工作。到军民合作站的共产党员，都被安排担任支站、分站的负责人。他们利用这个有利条件，带领群众开展工作。第9中队在邕宁四塘、五塘一带，第10中队在邕宁八尺区还成立了工作组，发动组织群众，培养青年积极分子，配合当地游击队，开展对日伪的斗争，并在斗争中发展了几名游击队员加入中国共产党。第2大队开赴第16集团军驻防的桂南地区邕宁、武鸣、宾阳等县，发动组织群众支援前线，配合部队坚守防线，协同当地游击队袭击骚扰日军，深入敌占区侦察敌情，瓦解日伪政权。他们还在敌占区发动群众组织抗日游击队和各种抗日自卫武装，保护群众，骚扰和打击敌人。第1大队一部分到龙州一带工作，大部分越过日军封锁线，深入到上思县一带敌占区，进行开辟抗日根据地的工作。在中共南宁特支书记黄书光、宣传委员覃桂荣的领导下，他们深入进行调查研究，宣传发动群众，成立读书会、青年救国会、文化补习班，举办各种训练班，培养了大批积极分子，发展了一批共产党员。

1941年6月，广西当局宣布解散学生军。学生军中的中共党总支在桂西南区特委直接领导下，总结了中共在学生军的活动和学生军各个方面的工作，审查了在学生军中发展的100多名共产党员，审查结果全部合格，占全省党员总数的10%以上。学生军中的共产党员表现得十分英勇顽强，发挥了中流砥柱的作用，活下来的人成为了党的宝贵财富。在第三届学生军解散以后，学生军中的党员大部分到广西合作人员训练班受训，一部分到三青团各县分团部、16集团军政工队、《曙光报》报社、学生军通讯处工作，有的返回原校继续上学，只安排几个人专门从事党的工作。把学生军中的共产党员播散到全省广大地区去，为后来广西革命工作的进一步开展打下了良好基础。

学生军深入城镇和乡村开展抗日救亡宣传工作，通过街头宣传，出版墙报，张贴标语，演唱戏曲，举办文化补习班，举行报告会、座

广西学生军部分女生合影

谈会等，以各种形式向群众宣传日军侵华暴行，激发人民抗战救国、保卫家乡的热情。根据1940年6月的不完全统计，第三届学生军在一年多的时间里，共对群众演讲5.4万多次，演出戏剧2.1万多幕，举行歌咏演奏6.8万多场，出版墙报1.4万多版，写大型标语11万多条，张贴漫画1.4万多幅，印发或张贴情报2.8万多份，出版刊物85种，编印小册子10万余本，印发宣言、告民众书22万余份。

学生军的良好表现深得民心，也赢得了国民党一些将领的高度评价，却使日本侵略者恼羞成怒。日军贴出告示："谁能斩获一个学生军的首级，即赏银一千元，斩获一个学生军军官的首级，即赏银三千元。"后来升格为"缉获学生军一人，赏银二千元"。对此，坚持抗战决心的学生军毫不畏惧，给日本侵略者以有力回击："你们一日不打倒，中国革命是一日不变的。"学生军的壮志也让日军崇敬，在桂南会战期间，一名学生军在南宁莫陈村前线与日军作战，牺牲前在竹林中一竹竿上刻上："终有一天将我们的青天白日旗飘扬在富士山头！"日军将竹竿锯下带回日本，设案供奉。

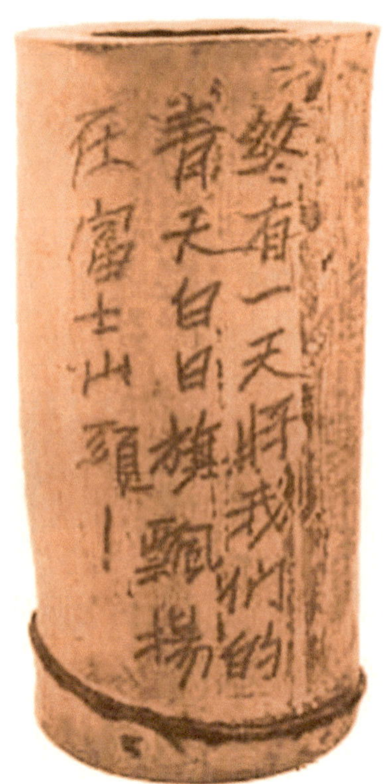

学生军在南宁莫陈村竹林竹节上刻字

1940年5月14日，《大公报》第二版刊发了一篇题为《桂南会战的学生军》的文章，报道称："广西学生军是广西战场上最重要的一员，不论在前线，不论在后方，敌占区的两侧，游击区的四方，都有他们的足迹。”“他们运用他们的智慧，灌输士兵以爱国家、爱民族的思想”。

（三）桂林抗战文化城

武汉、广州失守后，日军控制了我国大部分铁路线和长江中下游地区，国民党政府内迁重庆，退保西南，桂林成为国民党统治区中连接西南、华东、华南的交通枢纽，同时还是通往香港和海外最便捷的途径。其时，沿海、沿江的机关、学校、工厂、商行和难民，沿着水路、铁路、公路经由桂林向西南各省疏散。作为西南重要的交通枢纽，停留桂林这个抗战大后方的人越来越多。1936年桂林人口只有7万，1944年剧增到50万。迁移到桂林、柳州的工厂29家，占内迁工厂的5.11%。由于沿海沿江技术、人才、工业设备和资金流入，以及抗战时期国计民生的需要，1940—1941年广西掀起办工厂的热潮，

救亡日報 沫若

本報已呈請黨政機關登記　第三九〇號　中華郵政特准掛號立卷

營業部：桂西路二十六號　編輯部：太平街十二號

郭沫若任社长、夏衍任总编辑的《救亡日报》报头

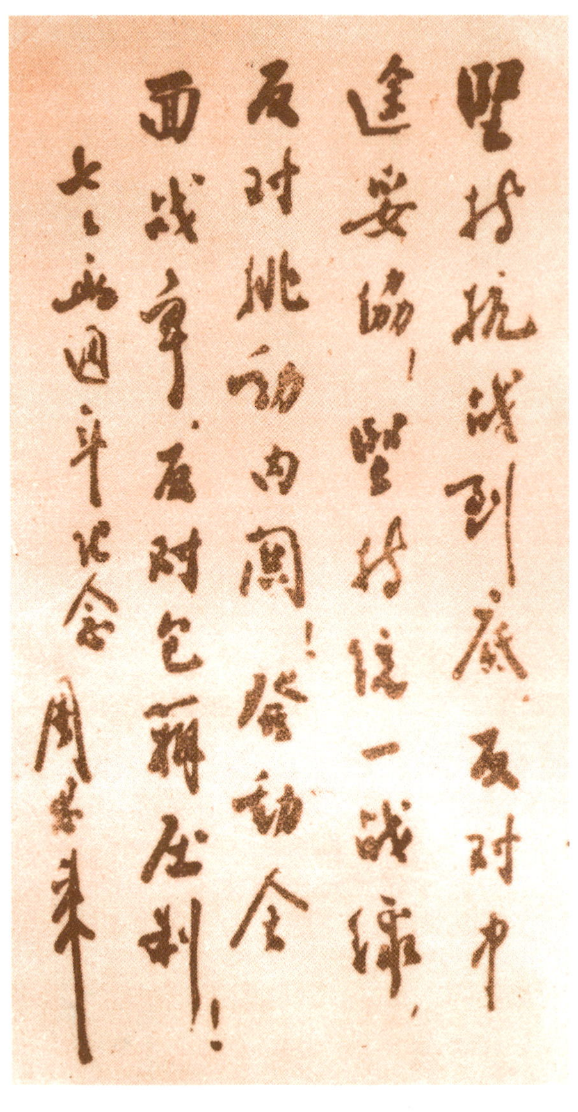

1939年7月7日，周恩来为桂林《救亡日报》题词

主要集中在桂柳两地，计桂林新办大小工厂112家，柳州64家。抗日战争改变了桂林工业落后、人口不多的面貌，桂林发展成西南大后方一座中型的工商城市，给文化城的发展奠定了物质经济基础。国民党桂系集团和广西地方政府比较开明，允许抗战团体和爱国人士在桂林进行抗日文化活动，桂林大部分时间里民主氛围浓郁，共产党人和进步文化人的爱国抗日文化活动比较顺利。这些使当时桂林呈现文化繁荣、民众救亡情绪高涨的景况。1938年10月，广州、武汉相继沦陷后，一批从事文化工作的共产党员和大批进步人士纷纷从各地云集桂林；1941年底，太平洋战争爆发后，又有一大批知名文化人士从香港来到桂林，使桂林抗日文化运动不断高涨。据统计，

抗日战争时期来到桂林的文化人士共有1000多人，其中著名的作家、诗人、画家、戏剧家、音乐家、科学家、教授、学者就有郭沫若、茅盾、田汉、欧阳予倩、千家驹等200多人。他们在中共中央南方局、桂林“八办”、中共桂林统战工作委员会和中共广西地方组织的领导和指导或推动下，成为桂林抗战文化的中坚力量。

中共代表团团长、南方局书记周恩来3次途经桂林，偕同郭沫若去同白崇禧交涉，取得《救亡日报》在桂林复刊的合法地位和经济补助，并指示夏衍把该报办成统一战线的报纸，与重庆《新华日

国际新闻社部分工作人员在桂林社址前留影

报》构成宣传中国共产党抗日救国主张的强大宣传阵地。周恩来多次出席桂林文化界和桂系民主人士的集会，接见文化界的党员和著名爱国人士杨东莼、千家驹、胡愈之、张志让、姜君辰等，勉励他们扩大抗日民族统一战线，争取抗战最后胜利。1938年12月17日，重庆《新华日报》刊载毛泽东《论新阶段》，空运数千份到桂林，人民争购一空。八路军桂林办事处调来和建立一批由中共直接领导的文化团体为主力军，占领文化宣传阵地。新闻方面有《新华日报》桂林分销处、《救亡日报》社、国际新闻社、中国青年记者学会。出版方面有新知书店、生活书店、读书出版社、西南印刷厂。教育方面有生活教育社、广西地方建设干部学校。救亡团体有汉口基督教女青会战时期服务团。文艺团体有桂林行营政治部第三科（郭沫若第三厅留桂人员）领导的电影放映二队、抗敌宣传一队、抗敌演剧一队、抗敌演剧九队，以及新安旅行团、厦门儿童剧团、孩子剧团等。这些团体在群众中有威望，影响大，读者、观众多，为新闻、出版、文学、艺术各方面的骨干力量。

1939年11月，日军入侵广西，桂林各界成立“保卫大西南大会”，保卫大西南宣传工作全面展开。《救亡日报》率先出版“保卫大西南运动特刊”。共产党员胡愈之、刘季平以及方振武将军向各界人民做日寇入侵桂南的时事报告。儿童、妇女、文艺、新闻各协会纷纷举行座谈会，提出各协会的工作计划。桂林各学校、团体组织80多个宣传队，分赴市郊30里以内的村镇宣传保卫大西南。新安旅行团、厦门儿童团、抗敌宣传一队、国防艺术社轮流举行保卫大西南公演晚会。12月1日，桂林市数万群众举行保卫大西南运动大会，通电慰劳前方将士，表示“集中一切力量，军民合作，予敌寇以迎头痛击”！与会者集体朗读《国民抗战公约》，情绪非常热烈。复兴节那天，桂林各界2万多人举行保卫大西南示威游行，歌

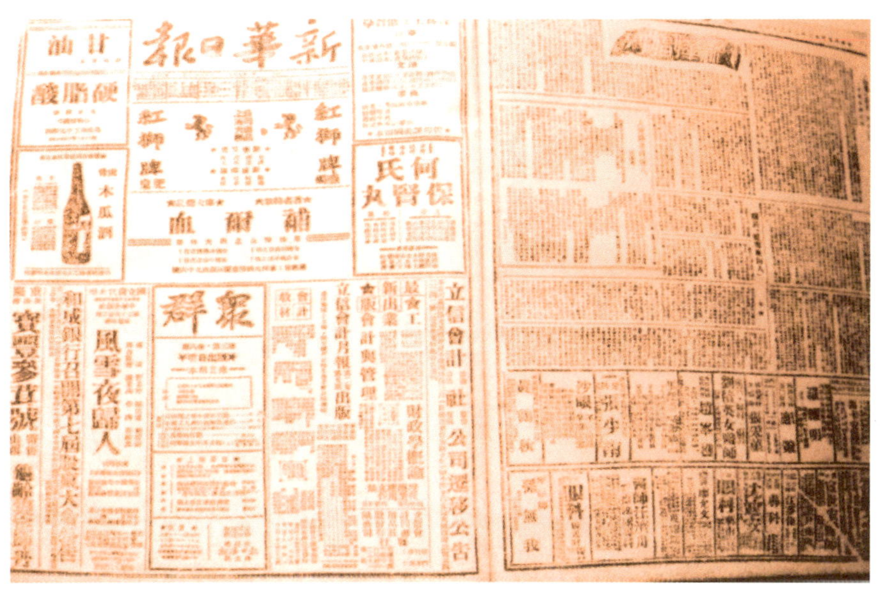
新華日報
甘油
硬脂酸
何氏保腎丸
群衆
風雪夜歸人

抗战时期桂林印刷的《新华日报》

声口号响彻全市，示威者节食一天，省下粮食菜金支援前线。数日间，梧州、平乐、雒容、贺县、兴安、永福、龙州等地继起，纷纷举行群众集会游行，发表通电，一个保卫大西南的群众运动席卷全省。1940年元旦，桂林市各团体举行3天义卖劳军活动，妇女界扎制3.38万朵纸花，出动54个义卖队。文艺界义卖文稿、书报杂志、绘画、木刻、字画以及名人作家签名的纪念册。桂南前方将士身穿单衣战斗，桂林各界举办大型游艺会，为战士募捐寒衣。抗敌演剧一队、九队从前线赶来桂林公演募捐，演完又回到前线去。桂林各界还组织代表团和派出文艺队到桂南慰问，计有：桂林行营的南路前线工作队，广西省参议会视察团，桂林文艺、新闻界桂南前线慰问团，在华日本人民反战同盟战地工作队，桂林戏剧界慰问团，广西省会各界妇女南路将士慰劳团，厦门儿童剧团，抗演一队、九队，桂林新闻记者公会南宁访问团等。这些团队满载着学生写的慰问信，小朋友画的图画，姐妹们送的贺年片，新闻出版单位捐赠的报纸杂志图书，送给浴血苦战中的桂南军民。这些礼品凝聚着后方人民的深情厚望，成了前线军民英勇杀敌的力量源泉。桂林文艺、新闻界慰问团完成任务返回桂林，领队范长江应邀向桂林各界做了两次桂南战局的报告。《救亡日报》出版了“桂林文艺界慰问南路将士特刊”，连续刊载了该团记者华嘉写的《桂南大捷的无名英雄》（介绍军民合作站），林林的《昆仑关之行》，黄药眠的《邕宾路上的奇袭》，陈子秋的《敌军溃败八十里》等战地报告，振奋了全国人民。厦门儿童剧团的小朋友，自1940年7月至10月在桂南战地演出，足迹遍及柳州、昆仑关、五塘、甘棠、永淳等地，历尽艰险，受到第四战区的嘉奖。抗演一队、九队长期在桂南战区巡回演出，给战地服务，与前线军民同甘共苦同战斗，日军撤出南宁后，两队第一批进城宣传安民，创作出话剧《南宁无战事》进行公演，又参加处理善后工作。千家驹领导的中国农村经济研究会，派员赴邕调查桂南沦陷后农村经济损失情况，举行“桂南收复区农村经济复兴”学术讨论会，提出改造农村、推行信贷、提倡生产合作社等意见。人们看到，在保卫大西南运动中，共产党员和共产党领导的

1941年元旦，桂林中学合唱团成员合影，他们在桂林首次公演了《黄河大合唱》

团体一直站在最前列，带领广大群众有效地支援了前线。

抗战期间，从外地迁来桂林的、本地的以及新建的文化救亡团体有99个，其中有中共领导的左翼文化团体，有桂系建立的中间偏左文化团体，有国民党设立或资助的右翼文化团体，还有在华日本人、朝鲜人、越南人的革命团体，桂林成了国际、国内反法西斯人士聚集的城市。众多的文化团体把桂林庞大的文化队伍组织起来，起初通过交谊会、聚餐会建立联系，发展到新闻、文艺界的大联合。各种协会和文化团体经常举办读书会、星期讲座、时事报告会、座谈会、纪念会、声援声讨会、展览会、演出、歌咏会、朗诵会、街头诗画展、训练班等，把恬静的山城变为热气腾腾的西南抗战中心。报纸是最迅速的新闻媒介，报人、记者应时代的呼唤设法满足人民的需要。桂林的报纸由1家发展到5家11种，重要的有中共领导的《救亡日报》、广西省政府机关报《广西日报》、张治中投资创办的《力报》、老牌的《大公报》（桂林版）、国民党军委会机关报《扫荡报》（桂林版），其余为小报、晚报。其中《救亡日报》消息来源广泛，兼采各社新闻，并派记者采访抗日将领和湘粤桂前线，写成通讯专稿，又大量介绍八路军、新四军在敌后抗战和抗日根据地的情况，由夏衍、廖沫沙写时评，引导读者观察时局，成为左、中、右的人都喜欢看的报纸。《力报》副刊由中共秘密党员邵荃麟、聂绀弩、葛琴主办，刊登不少尖锐泼辣的杂文，很受欢迎。其他较有名的报刊有《大公报》《扫荡报》等。设在桂林的通讯社主要是国际新闻社和中央通讯社桂林分社，还有战时新闻社及英美使馆新闻处桂林分处。国际新闻社由中共党员胡愈之、范长江建立，该社记者分散各地，稿件多为战地通讯，又有国际问题专家写特稿、专论，稿件质量高，深受国内外报社欢迎，故有150多家海内外报纸采用其稿件，影响很大。中央社桂林分社是国民党官方通讯社，桂林分社的任务是每天抄收重庆中央社总社播发的电讯稿，油印分发给各报使用。

桂林文化城的重要标志是出版事业空前繁荣。抗战前，桂林只有几家出版社、书店和几个印刷厂，自1938年至1944年，从沿海沿江迁来的、原有的、新建的书店86家，出版社86家，印刷厂109家，每月用纸1.5万令，每月排字3000万—4000万。如此巨大的印刷销售能力，在抗战时期的中国是绝无仅有的，甚至重庆、延安有些书刊也拿到桂林印。这些出版发行单位一部分是中共领导的，如《新华日报》桂林营业处、生活书店、新知书店、读书出版社、南方出版社等，它们坚持出革命书刊，以传播马克思列宁主义、阐明中国共产党的主张、发展进步势力为己任，是桂林出版事业的中坚力量；另一部分是受中国共产党影响，由进步人士创办的，如文化供应社、三户图书社、文献出版社、华华书店等，它们坚持抗战、团结、进步的方针，坚持出好书、进步书，为抗日战争服务。在这方面做出卓越贡献的是文化供应社，它是胡愈之、张志让、千家驹和桂系民主派李任仁、陈劭先、陈此生联合创办的股份企业，规模较大（集出版、发行于一体，有社址、门市部、印刷厂），时间较长（从1939年至1953年），业务紧密配合抗战，推行大众化和通俗化，出版了一批以基层干部、教师、学生、士兵、少年为对象的知识丛书和手册。这类进步社店和中共领导的社店一起，构成了桂林出版事业的主流。再一类是属中间性质的，如中华书局、商务印书馆、侨兴出版社、中国图书文具公司等。当时出版各类图书计有数千种，大概可分4类：第一类社会科学书籍，第二类文学作品，第三类丛书，第四类期刊。林林总总，繁花似锦。

戏剧是桂林抗战文化城最活跃的文化活动。当时桂林有职业剧团10多个，如金山、王莹领导的上海救亡演剧二队，军委会政治部第三厅留桂的抗敌宣传一队、演剧一队、演剧九队，新安旅行团，孩子剧团，新中国剧社（以上团体均为中共领导），还有新桂系建立的国防艺术社、广西艺术馆实验剧团（前者受进步影响，后者由进步戏剧家主持）。业余剧团有20多个，加上外地到桂林演出的，共有60多个演出团体。演出以话剧为主，其次是桂剧、平（京）剧、湘剧、粤剧、傀儡戏、杂技、新歌剧，演出剧目计264个，琳琅满目，美不胜收。从1939年冬到1944年夏，每月都有一个至几个新剧目上演，天天都能看到思想健康、格调高雅的戏剧，看戏成了人们生活不可缺少的部分。其中，1940年3月8日，日本人民反战同盟西南支部在桂林公演鹿地亘的3幕反战剧《三兄弟》，反映日本人民反抗军阀强迫来华充当炮灰的英勇斗争，用日语连演3天。欧阳予倩把京剧《梁红玉》剧本改编为桂剧，连演28场，轰动了桂林。新安旅行团为纪念建团5周年，排练舞蹈家吴晓邦创作的4幕舞剧《虎爷》，每场2个小时，全是用舞蹈动作表达内容，使桂林观众大开眼界，衡阳、曲江也有人赶来观摩，就是在国民党统治区也属首创。1943年冬，由欧阳予倩、田汉、瞿音白提议，得到桂林戏剧界的支持和桂、粤、湘、黔、滇、赣、闽、鄂8省响应，1944年在桂林举办了“西南第一届戏剧展览会”（简称“西南剧展”）。中共南方局动员了桂林20多名党员和进步戏剧工作者参加筹备。田汉、欧阳予倩为首的筹委会悉心筹划，广西省政府主席黄旭初担任大会会长，邀请李济深、李宗仁、白崇禧、张发奎、梁寒操、张道藩为名誉会长，聘请广西省和各战区的重要官员为指导长。1944年2月15日，剧展大会在广西艺术馆新厦隆重开幕，李济深、白崇禧、张治中和来自粤、桂、湘、赣、滇5省的戏剧工作者、桂林各界代表、社会名流1000多人出席了开幕式。桂林主要街道搭起彩门，《广西日报》《大公报》《力报》出版纪念抗战专刊，还举行火炬化装游行，为桂林从未有过的剧展盛举。参加剧展的团队33个，共935人。演出大小剧目79个，其中中国话剧21个，外国话剧9个，京剧26个，桂剧9个，湘剧1个，歌剧1个，木偶戏5个，民族歌舞14个，还有马戏、魔术节目。剧展以欧阳予倩新编桂剧《木兰从军》开场，以田汉创作的话剧史诗《戏剧春秋》压台，室内演出结束后，又在广场公演歌剧《军民进行曲》和《胜利进行曲》招徕群众。总共演出179场，观众10多万人次。剧展期间，从3月1日至16日，举行西南第一届戏剧工作者大会，田汉、欧阳予倩主持会议并做专题报告，报告中国戏剧运动历史和总结抗战以来的戏剧工作，各剧团汇报工作，交流经验，讨论加强戏剧工作的各项提案，成立中华全国戏剧界抗敌协会西南支会，通过戏剧工作者公约等。剧展后期，从3月17日至4月6日，举办戏剧资料展览。内容分：戏剧运动历史资料，22个参展团队的队史资料，国统区各地及外国戏剧资料。共展出历史照片、图表、舞台模型画片、剧作手稿、说明书等共1000多件，实际上反映

西南剧展期间，演剧二队、八队联合演出《胜利进行曲》。图为演职员全体合影

了近代中国戏剧运动的历史和抗战戏剧工作的奋斗业绩。5月19日，剧展胜利闭幕，历时94天，给桂林文化城带来了蓬勃生机，影响及于整个大西南地区，是中国戏剧史上的历史丰碑。

在1944年日军发动湘桂战役期间，桂林文化战线相继开展保卫大西南献金劳军运动、“为保卫中原而歌”晚会、保卫桂林、保卫大西南宣传运动等，将桂林抗日文化运动推向了高潮。桂林抗日文化与重庆、昆明等地的抗战文化汇合在一起，形成了整个国统区轰轰烈烈的抗战文化运动。

1944年5月下旬，中共桂林组织通过文协桂林分会酝酿开展抗战宣传周活动，动员人民起来抗战，保卫大西南。建议得到军委会桂林办公厅主任李济深的大力支持，李济深与郭德洁、柳亚子、欧阳予倩等上百位社会名流，联名发起成立桂林文化界扩大动员宣传周工作委员会，从6月14日至20日开展宣传周活动。学校、团体的宣传队上街演讲，演出街头剧，出版街头壁报，举办街头画展。音乐、戏曲工作者走进茶楼酒馆，演唱抗战歌曲，向顾客劝捐。几十位社会名流轮流到各戏院向观众演说。新中国剧社突击创作大型活报剧《怒吼吧，桂林》，晚上在戏院公演，白天用两部卡车并列成流动舞台，走遍全市。6月16日晚上，在广西艺术馆举行保卫广西、保卫桂林诗歌朗诵会。国旗献金大游行是宣传周一项别开生面的活动，把保卫大西南运动推到了高潮。6月18日烈日当空，桂林文教界数千人从广西艺术馆前整队出发，前面抬着“保卫大西南”的大幅标语、漫画开路，接着是“长老团”乘坐的一辆敞篷宣传车，车后面是一面特制的大国旗，由50人牵抬前进，后面是彩旗和浩浩荡荡的游行队伍，队伍向市中心主要街道行进。国旗献金大游行持续3天，募集到400多万元，连同宣传周以来募款共得1000多万元。这是桂林人民最大一次毁家纾难的义举。这笔捐款，根据李济深的意见，一部分汇给在敌后战斗的八路军、新四军，大部分犒赏在湘桂前线抗击强敌的国民党军队。衡阳陷落后，日军逼近桂林，中共桂林组织和进步人士力主动员群众抗战。6月28日成立桂林文化界抗战工作协会（简称“文抗会”），公推李济深为会长，李任仁为常务委员会主任，有会员600多人。该会决定成立20个工作队，招收200名队员，分赴各地宣传发动群众。与此同时，广西三青团组织了战地服务团，成立了以夏威为团长的青年军，有700人。7月1日，桂林市成立民众作战指挥部，协助军队构筑野战工事。8月1日，文抗会组织抗战工作队出发前线劳军，田汉任领队，文化界到车站热烈送行壮别。文抗队高唱战歌，向着疏散人流相反的方向——湘桂线北段前进。第一站到兴安，文抗队逗留六七天，举行国旗献金游行、演讲、出壁报、画漫画、演街头剧，小小的县城霎时沸腾了起来。第二站到全州，传来衡阳陷落的消息，桂北已是前线。文抗队在城中心搭起宣传台，白天向群众唱歌、演说、演街头剧，晚上开联欢大会，演出抗战剧目。8月底，田汉率队北上黄沙河，慰问刚调到前线赶筑工事的第93军官兵，该军闻田汉亲来慰问，极表欢迎，请文抗队野餐和观看坦克表演，晚上在战壕工地上举行盛大联欢晚会，队员用剧情、歌声、朗诵来激发官兵们的爱国热情。9月中旬，桂林被迫疏散，文化城活动结束。

五

抗战后方

1931年九一八事变后，广西省政府提出“三自三寓”政策（自卫、自治、自给，寓兵于团、寓将于学、寓征于募），以“建设广西，复兴中国”为口号，整顿省政，致力于省内军事、政治、经济、交通、文化建设，颇有成效。全面抗战爆发后，特别是武汉、广州失陷以后，广西成了抗日的大后方。广西人民除了参军参战，还动员和组织了200多万民工投入支前工作，参加修筑公路、铁路、机场及担任往前线输送物资等任务，为前线的抗战提供了有力保障。

（一）建立民团后备队

1930年4月，新桂系在南宁成立全省民团总指挥部，黄绍竑任总指挥，白崇禧为副总指挥。1930年9月，白崇禧由柳州率部准备解南宁之围时，为了阻止入桂粤军施援围攻南宁的滇军，令梁瀚嵩回宾阳、上林、迁江（今来宾市）等县组织民团，在宾贵公路一带伏击骚扰粤军，使粤军余汉谋部不敢越昆仑关与侵邕滇军联合，从而使白崇禧能顺利地率部从间道到达南宁附近。1930年10月13日，白部击破

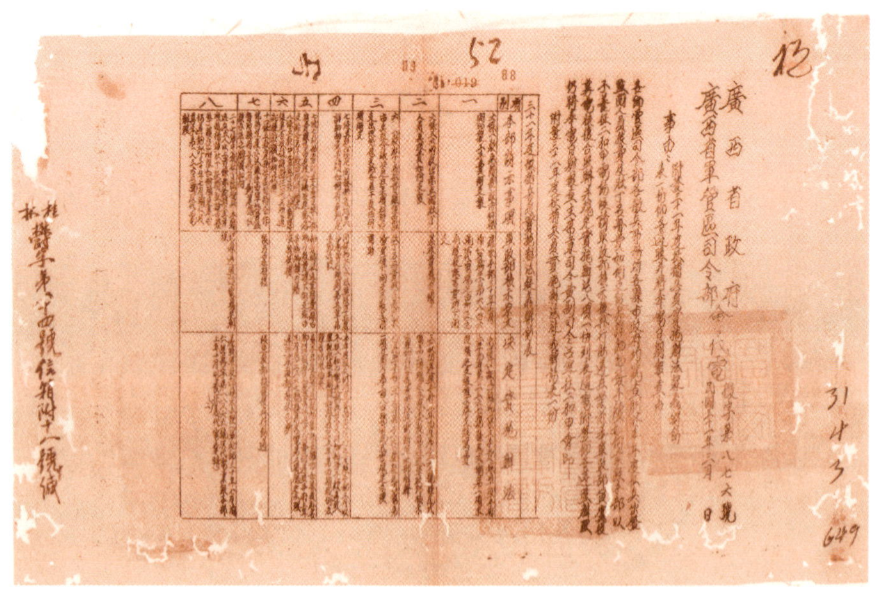
廣西省政府
廣西省軍管區司令部 代電

广西省政府、广西省军管区司令部颁发民国三十一年（1942年）征补兵员实施办法的代电

围邕城之滇军，解了南宁之围，并将滇军驱逐出省境。白崇禧从此感到民团大有用处，于是大办民团。1930年11月，广西民团改由白崇禧任总指挥，梁瀚嵩任副总指挥。白崇禧说：“广西人口千二百万，除了年老和妇孺外，约有团兵300万，以十分之一对内，十分之九对外。”在总指挥部之下，当时广西划分为12个民团区，每区设区民团指挥部，每个指挥部设指挥官1人，由行政监督兼任指挥官，有副指挥官1—2人，参谋长1人，正副指挥官之下设精干的指挥机构。全省99个县，各县设置县民团司令部，司令由县长兼任，设副司令1人，司令部内设参谋、督练官和办事员若干人。一等县设常备队4个队，二等县设常备队3个队，三等县设常备队2个队，四等、五等县设常备队1个队。每个队3个排，每排3个班，每队有团兵100人。团兵主要征集18岁以上、30岁以下的壮丁训练6个月，期满退伍。1933年撤销县常备队。县以下的区、乡（镇）、村（街）民团组织，共分两种，一为后备队，一为预备队。后备队分为甲级队和乙级队，凡18岁以上、30岁以下的壮丁编为甲级队，44岁以下为乙级队。村

留守广西的桂系175师士兵

（街）编为中队，村（街）长兼任中队长；乡（镇）编为大队，乡（镇）长兼任大队长；区级编为联队，区长兼任联队长。中队、大队、联队均设一名副职，协助编训工作。

1932年春，广西当局提出“建设广西，复兴中国”及“三自三寓”（自卫、自治、自给和寓兵于团、寓将于学、寓征于募）的方略，实行政权、民团、学校三位一体，厉行政治、军事、经济、文化“四大建设”，兴桂强省，以为反蒋抗日作战基础。1934年3月，广西党政军联席会议颁布《广西建设纲领》，将“三自三寓”具体化，成为广西“根本大法”和最重要的施政纲领。桂系大办民团，民团成员平时在乡生产，维护地方治安，战时组编成军或为部队补充能战之兵员，保持作战部队的战斗力不受影响。对初中以上学生和公务员实行军训，造就了约10万名预备役下级军官和军士。轮训

1938年，邕宁县乡村建设实验区民团妇女队干部训练班学员劳作归来

全省壮丁达120万人，积存了庞大的兵源。另外，健全乡、镇、村、街基层组织，举办各种军、政、民团训练班和学校，招收知识青年入学，毕业后派充乡、镇、村、街长，兼任国民学校校长和民团队长，实行“三位一体”。

1936年“六一运动”时，广东的陈济棠败逃香港后，蒋介石以重兵三面包围广西，广西当局当即动员全省民团应征入伍抗蒋，很快就编成15个师的部队。白崇禧在1940年6月的一次讲话中说，广西有了建设纲领，“三自三寓”政策，所以抗战爆发后，能动员50万以上壮丁参加战斗。1937年10月15日，第21集团军参加淞沪抗战，部队损失很大，白崇禧急电广西省府，积极抽调壮丁输送前方，结果在一个月内就有10个新兵团补充到部队，补齐了各部队的缺额，维持了前线部队的战斗力。

1939年2月1日，广西当局为了适应抗战需要，在桂林天圣山开办广西地方建设干部学校培训基层民团干部。广西省政府主席黄旭初请著名教育家杨东莼担任该校的教育长，主持校务。杨东莼向白崇禧、黄旭初提出，学校人事安排及教学内容、计划、方法均由教育长对校长负责，得到黄旭初的同意。杨东莼通过桂林“八办”的关系和自己的社会关系，聘请了一批进步的文化人士和进步学者在校任职。八路军桂林办事处调派周钢鸣、张海鳌、姜君辰、司马文森、秦柳芳等协助杨东莼筹建广西地方建设干部学校，建立省外和省内两个支部，分别由“桂林八办”、广西省工委领导。先后到地干校工作和学习的中共党员有100多名，掌握了全校行政、教学、训练的领导权。杨东莼利用广西当局“焦土抗战”的方针，借鉴延安抗大和陕北公学的办学模式来组织教学，宣传毛泽东持久战的战略思想。他出面邀请叶剑英、李任仁、雷沛鸿、范长江、田汉、夏衍、胡愈之、刘清扬、沈钧儒、鹿地亘等数十位知名人士到校演讲做报告。地干校在两年间开办4期，培养村街长1400多名，在社会上反响强烈，被誉为“南方抗大”。

（二）组建战时工作团

1939年秋日军入侵桂南前后，玉林、南宁及钦廉（时属广东）的中共地方组织倡议、推动国民党地方当局建立了10个战时工作团（简称“战工团”）。这些战工团是以共产党员和爱国青年为骨干，共产党员在实际工作中起主导、核心作用，带统战、战时性的抗日救亡团体。它在动员、组织群众开展抗日救国、保卫家乡的斗争中做了许多卓有成效的工作，在广西抗战史上写下了光辉的一页。

面对日军入侵的严重威胁，中共广西省工委遵照中共中央制定的抗日民族统一战线政策和全民抗战的路线，主张建立战时工作团，深入城乡发动、组织群众支持和参加抗战。广大群众特别是受到共产党影响的青年学生，也从八路军、新四军坚持敌后游击战争的实践中认识到人民战争的威力，积极要求投身全民抗战的洪流。国民党的不少地方官员，有的出于爱国热忱，有的为保住自己的地盘和切身利益，在中共党员、爱国绅士的推动、影响下也在不同程度上唤起民众抗日，并使之纳入自己控制的轨道。广西各地的战工团即是在这样的历史背景下出现的。日军侵占广州后，一些原在广州求学的桂东南籍学生返回家乡，在玉林组织“留穗学生回乡救亡工作团”，在陆川组织“青年救亡工作团”，开展抗日宣传，得到各阶层民众以及当地爱国的国民党官员的嘉许和支持。中共桂东南各县组织在实践中认识到这种临时性不脱产的救亡团体只能利用业余时间在城镇开展工作，作用有限，应建立组织较严密，得到地方当局在行政、经济上支持的专业战工团，才能分赴各地，全面开展战时救亡工作。为此，各县党组织利用各种关系，向地方当局提出成立战工团的建议，并动员当地爱国人士、开明绅士出面呼吁、襄助，以促成战工团的成立。1938年12月，中共党员林克武向陆川县长萧道龙提出成立陆川战时工作团建议，得到萧支持。林克武提议县设战工团团部，由萧兼任团长，下设秘书和组织、宣传、民运、总务4个股，由秘书主持日常工作。陆川中学和各乡成立中队，由乡长兼任中队长，遴选有爱国心和工作能力的知识青年任副中队长，团部人员为专职，各乡（校）中队为不脱产人员。萧道龙基本采纳林提出的建议，提出组织名称为陆川县战时工作团，增委玉林区民团指挥部驻陆川的政治指导员李耿（中共党员）和国民党陆川县党部书记长高武潮为副团长，指定林克武为战工团秘书，负责筹备具体工作。其后，中共陆川县委选派一批党员和爱国青年到县战工团工作。1939年1月初，陆川县战工团正式成立，团部专职人员40人。其后，陆川中学和14个乡中队相继成立，队员总数

1939年1月，在中共组织的推动下，陆川县首先成立了战时工作团，中共党员李耿任副团长，林克武任秘书，战工团组建了陆城、西稔、米冲、山口4支妇女游击队，共160多人。图为陆川县西稔妇女抗日游击队合影

3000人以上。北流、博白、玉林、兴业地下党也通过有力的统战工作，争取各界爱国民主人士的支持和国民党县政府的批准，成立战时工作团。博白、北流县战工团于1939年1月成立，玉林县战工团于1939年2月成立，兴业县战工团于1939年9月成立。为加强玉林区各县战工团之间的联系，协调彼此的行动，经中共玉林中心县委做工作，由玉林区民团指挥部政治部主任、爱国民主人士龙明勋出面，推动民团指挥部于1939年6月成立玉林五属战时工作总团。总团团长由该区民团指挥官李奇（后为王景宋）兼任，副团长由萧道龙、龙明勋兼任，实际工作由秘书金石声（中共党员）和各县战工团驻总团的代表（大多是共产党员）负责。总团的任务是联系、指导各县战工团的工作，举办青年、妇女训练班、研究班，培训爱国青年学生，从中挑选优秀分子输送给各县战工团和其他救亡团体。

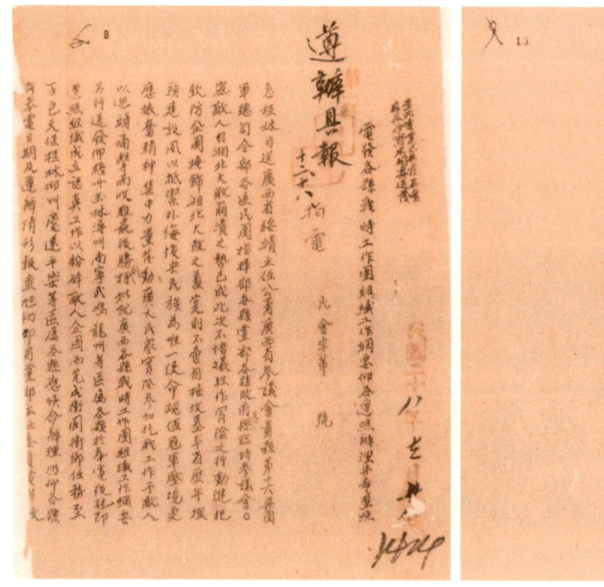
遵辦县報

電發各縣戰時工作團組織工作綱要仰各遵照辦理并布查照

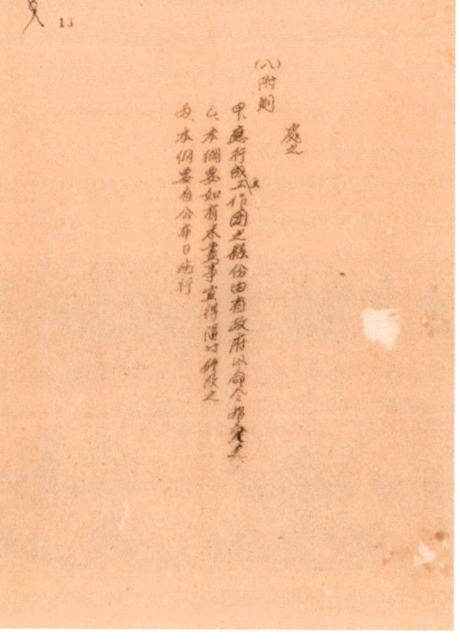
(八)附則

甲、應行成立工作團之縣份由省政府以命令指定之

乙、本綱要如有未盡事宜得隨時修改之

丙、本綱要自公布日施行

1939年12月18日，国民党广西省党部、广西省政府颁发各县战时工作团组织工作纲要的代电

时属浔州区民团指挥部管辖的贵县，在中共贵县中心县委的推动下于1939年9月成立贵县战工团。1939年12月，国民党广西省党部、省政府联合颁布《各县战时工作团组织工作纲要》。规定各县战工团“以县长兼团长，县党部书记长、县临时参议会议长、民团副司令为副团长”，通令梧州、玉林、浔州、南宁、武鸣、龙州区所属各县成立战工团，省设立战地工作督导团，作为全省战工团的领导机构。其后，宾阳、迁江、武鸣、永淳、横县、上林、平南、容县、来宾、忻城、宜山、河池等10多县成立了战工团。广西省政府派出的战地工作督导团第二分团对此前已成立的陆川、玉林、北流、博白、贵县等县的战工团进行“改组”，实质是企图加强对其的控制。

各地中共组织运用统战策略，争取掌握战工团的领导权，成为各地战工团的抗日救亡运动的中坚力量，在动员全民抗战，开展战时战地宣传，组织民众坚壁清野，协助地方当局破路滞敌，协助部队运送粮草、弹药，救护伤员，支援国军作战，组建民众抗日武装，开展抗日防奸斗争等方面发挥很大作用。

（三）建设桂越国际运输线

广西民众在抗日战争中的积极性，不仅表现在踊跃参军、英勇杀敌方面，还表现在积极参加战时各种劳役服务方面。抗战时期，广西共动员和组织民工200多万人次投入各种劳役。参加修筑了河岳公路（南丹县车河至靖西县岳圩），整修了越南北部重庆府至岳圩的公路，修筑了自湖南至桂林、柳州再延伸至贵州的湘桂、桂黔铁路，从而保证了抗战时期西南国际运输线的畅通。广西民工还参加修筑了省内多个军用飞机场，使得同盟国美国、苏联以及中国的空军能够以广西的空军基地为依托，投入对日空战，给日军空军以重创，为抗日战争的胜利创造了条件。

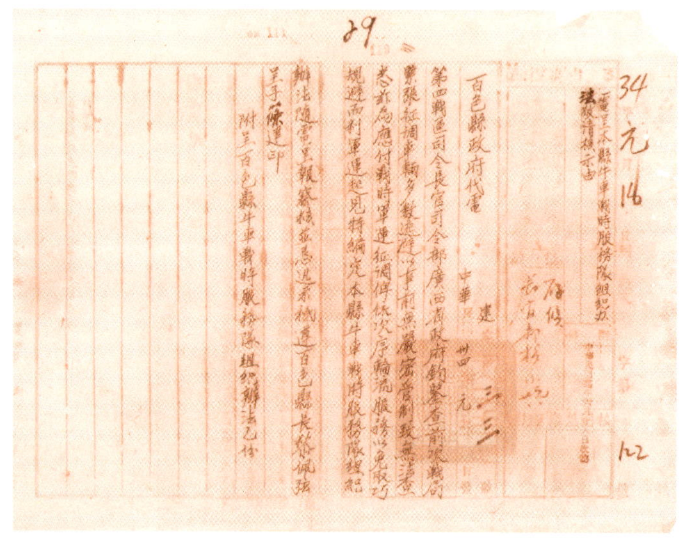

1945年1月18日，百色县政府颁发百色县牛车战时服务队组织办法的代电

1.修建铁路

抗战时期，为了开辟西南国际运输线，在广西建筑了湘桂铁路、黔桂铁路。湘桂铁路在广西境内长1194公里，抗战时筑成通车709公里。黔桂铁路在广西302公里，全部筑成通车。广西共征调民工107万人，征购枕木100万根，征用大量田地和宅园，这对一个只有1325万人口的贫穷边省，无疑是做出超越自己承受能力的贡献，这与前方将士浴血苦战、英勇杀敌同样可歌可泣。湘桂线启于衡阳，原计划经桂林—柳州—来宾—南宁—镇南关。该路衡阳—桂林段于1937年10月11日开工，1938年9月28日，全线通车，时间不到一年，开创了中国筑铁路的最快纪录。后因日寇占领桂南地区，因此，抗战时只修到来宾。1939年12月16日，湘桂线桂柳段通车。车辆由该路段向粤汉铁路借用其疏散的货车箱50节，火车头4辆，由西江运入柳州。杜聿明第5军机械化部队得以用火车运载，火速增援前线，攻克昆仑关。

民工在修筑铁路

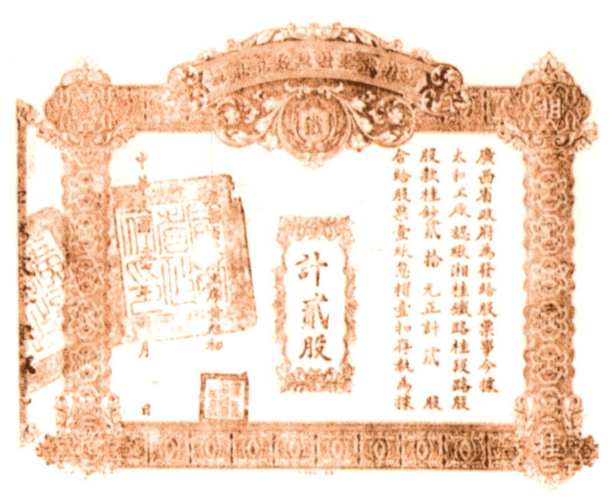
廣西省政府為發給股票事今據
太和工廠認繳湘桂鐵路桂段路股
股款桂鈔貳拾 元正計貳 股
合給股票壹紙憑摺壹扣存執為據

計貳股

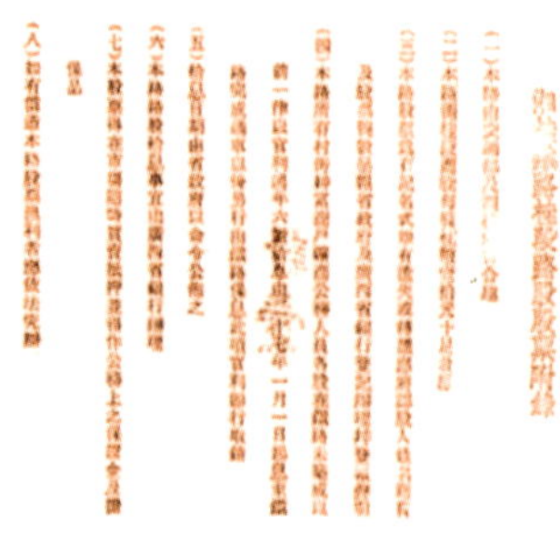

湘桂铁路桂段路股股票

黔桂铁路从柳州南站起，经柳城、宜山、河池、南丹、独山、都匀、贵定到贵阳，全长608公里，在广西境内302公里，在贵州境内306公里，分别由两省各自征调民工修筑。1939年8月23日，在宜山成立黔桂铁路桂段路工管理处，处长陈雄（兼）、阚宗骅（后）。9月1日开工，先后征调象州、柳江、柳城、中渡、雒容、三江、宜山、河池、天河、宜北、融县、忻城、罗城、都安、隆山、迁江、那马、思恩、南丹、上林、榴江、来宾、宾阳、武宣24县民工25万多人（含运木、运料民工），每人工期45天。广大筑路民工日夜轮班施工，白天万人攒动，夜晚点着火把干，历经4年，桂段工程全部完成。柳州至河池六甲180多公里，1941年2月通车。六甲至黔边泗亭120多公里，1943年2月通车。在贵州，1943年5月通车到独山，1945年8月通车到都匀。

黔桂铁路穿行在云贵高原上，工程比湘桂路段艰巨多倍，自宜山、金城江至拔贡100公里，地势逐渐上升。自拔贡、牛栏关经南丹到黔边，都是崇山深谷，路线要爬陡坡，绕大弯，盘山而上，有隧道25处，都是手工劳动完成，可见工程的艰巨。

修建湘桂、桂黔铁路时，正值抗战进入最艰难岁月，桂越、滇越运输线相继中断，无法获得海外材料设备供应，完全靠自力更生。桂北山区人稀粮少，常年保持数万民工在工地劳动，需要粮食很多，初期购运湘米接济，后来湘米来源枯竭，遂采取多种办法开源，如规定民工自带25市斤米，应征各县供应本县民工口粮，组织到产粮县采运，等等，勉强支撑下去，不致断炊。又因在高山上筑路，施工危险，环境恶劣，工伤事故多，民工患病率达21%，多染痧症，次为疟疾、痢疾，殉职民工计1454人。

2.修建公路

在1938年开辟西南国际运输线时，国民政府当局考虑到桂越公路邕龙段接近海岸线，容易受敌人攻击，必须另建几条安全短捷的联外公路，以防一旦形势紧急，我自行破坏邕龙公路时，其他道路即可代替，于是筹集巨款修筑滇缅、叙昆、柳宜等铁路。但铁路修建需时间较长，所以决定赶筑滇缅公路和河岳公路。河岳公路在广西境内，北起南丹县境的车河，经河池、东兰、万冈、田阳、田东、天保到靖西的岳圩，同越南重庆府上廊州的公路相接，全长493公里，耗资200多万元，征调广西10多万民工修筑。该路纵贯桂西山区，沿途村镇稀少，供应困难，民工们满怀抗战热情，劈山开路，工程进展很快，在1939年冬修成。但从越南重庆府到岳圩这段公路长21公里，路面崎岖，宽度只有2—3米，勉强可行小车，不能同时来往卡车，成了河岳公路出境后的“瓶颈”。1938年冬，广西省政府派公路局长苏诚到越南洽商拓宽该路，法方开始婉拒，后则以招工困难，推由广西派工修筑，直拖到1939年11月日军占领南宁，切断了桂越水陆运输线才办理。1940年1月，苏诚率领靖西县民工6500人入越，修整重庆府到岳圩的公路，2月15日胜利完工，中断3个月的桂越国际运输线才告打通。

从1940年2月15日河岳公路开通到7月初关闭越南边境，在4个多月内，共运进物资1.18万多吨，占存越物资的1/8强，河岳公路为支援抗战起了作用。越南出口断绝后，该路还继续发挥作用。6月初，我方获悉日军企图进驻越南，存放在中越边境近万吨的汽油、器材、钢材、紫铜急需转运，以免落入敌手，采用人挑、驮运、船载等多种办法，先集中到岳圩、德保、田东等处，通过河岳公路用汽车抢运到南丹县六寨，然后运入川黔，为抗战保全了一批有价值的战略物资。

抗战时期主要的国际物资补给路线——桂越公路

3.修建机场

新桂系统一广西后，遵循孙中山先生教导的“航空救国”遗训，较早地重视对空军的建设，目的是为了对付国内的军阀混战。1930年爆发的中原大战，桂系因受到蒋军、湘军和粤军的夹击，更促使广西当局加速对广西空军的建设。抗战爆发后，因备战和军运的迫切与紧逼，广西在全省范围内开始大规模兴建机场，累计征调10余万民工，投入380万个工日，扩修和新建了10个机场。扩修的有柳州的帽合机场、桂林的二塘和秧塘机场、梧州高旺机场、融安机场、龙州机场，新建的有武鸣标营机场、平南丹竹机场、桂林李家村机场和百色机场等，遍布桂北、桂南、桂西、桂东和桂中地区。

最早修建的二塘机场位于桂林市南路的桂阳公路6公里处。1929年4月动工，建成后因蒋桂战争爆发，机场搁置7年之久未启用。1936年秋，为了西南航空公司开航桂林，广西省政府征用二塘乡田

柳州机场停机坪远景

村、老村、大村、茶店堡村的土地，继而征调2万余人扩建二塘机场。是年11月，扩建工程初步完成，机场启用。1938年2月，从桂林、兴安、永福、阳朔、义宁、全县等6县又征调民工共17034人，再次扩修二塘机场。工程从2月10日动工，至5月4日竣工，3个月完成机场部分跑道工程。1940年，二塘机场成为日机轰炸的重要目标。桂林市政府组成修理机场总队，统辖各乡11个民工大队，以军事化组织管理，应对日机对机场的破坏。此时的二塘机场除了民航外，还是广西留守空军和苏联志愿航空队出击日军的军用机场。1943年，二塘机场又进行了大规模的扩建。扩建工程由国民政府军委会航空委员会第六工程处承建，下辖7个工区。是年7月，扩建工程启动，年底，场道工程扩建完成。抗战时期，二塘机场是中国航空公司所在机场，还是中、苏、美空军使用的重要基地。

秧塘机场位于临桂县临桂镇境内。1933年秧塘机场建成，1934年开始投入使用。1939年、1940年和1941年，秧塘机场经过3次较

建设秧塘机场的民工

大规模的扩建。1939年，因抗战需要，秧塘机场经中央航委会顾问陈纳德派人勘查后，由空军第2路司令部、广西建设厅和桂林县政府共同投资，征调了桂林（含临桂）、荔浦、平乐、龙胜、恭城、灌阳、资源7县民工14000多人于6月15日至11月20日进行第一期工程扩建，改建为正式的军用机场。1940年，由航空委员会投资，征调临桂、永福、义宁、灵川4县民工4000人于4月15日至6月20日进行第二期扩建工程。1941年又征调桂林市和临桂、灵川、义宁、龙胜、荔浦、平乐、恭城、百寿、兴安、全州、灌阳11县民工共19000人于1月3日进行第三期扩建工程，4月1日竣工。秧塘机场是中国和盟国空军的重要基地。

李家村机场位于桂林市东南郊10公里的柘木乡李家村附近，一开始该机场就是军民两用机场。1943年秋，李家村机场开始动工。此次工程共征调桂林市和临桂县民工43123人。到1943年冬，建成跑道长500—600米。后曾一度停工。1944年夏，再次征调桂林市、临桂县民工66191人加紧施工。1944年秋，工程全面竣工。李家村机场的建成，更加确保了桂林市区的制空权，中国和盟军飞机随时可从这里起飞打击来犯敌机。

（四）同盟国空军在广西

1. 飞虎队在广西

飞虎队的正式名称是中国空军美国志愿大队。1938年8月，中国

1943年，飞虎队队员在桂林合影。前排左三为吴其轺

航空委员会主席宋美龄聘请退休的美国空军上尉陈纳德在昆明市郊筹建航校，以美军标准训练中国空军，协助中国空军对日作战。1940年，陈纳德通过租借法案引入首批100架P-40战斗机，1941年7月来中国参加抗日，8月1日，陈纳德在昆明组建中国空军美国志愿大队（即“飞虎队”），从此开始在中国的天空与日军作战。1942年7月，飞虎队解散，1943年3月，美国驻华空军特遣队扩编为第14航空队（沿称“飞虎队”）。二战时期，陈纳德指挥的飞虎队共击落日机2091架，击沉日军舰船110万吨，击毁日军机车1079辆、卡车4800余辆，有力地支援了中国人民的抗日战争。

1942年6月，飞虎队正式入驻桂林。6月28日，飞虎队在桂林上空与日机首次激战，击落日机11架。飞虎队损失2架飞机，2名飞行员均安全返回。飞虎队机组人员均身着印有中文的内衣，上面写着“来华助战洋人，军民一体救护”字样，降落后如遇老百姓，展示内衣即可获救。

飞虎队为了防御纵深，先后在湘桂地区建立了北起衡阳，经零陵、桂林、柳州至南宁的基地体系，其中秧塘基地成为湘桂线前沿的重要场站。最高潮时，秧塘机场有200多架飞机停留。中美空军混合联队（团）在桂林成立后的一年多时间内，先后参加了湘南空战、奇袭九江、轰炸广东、远袭台湾等，威震南中国，威名远扬。1941年为适应飞虎队作战的需要，柳州机场进行了两次扩修，成为西南后方的一个重要战略基地，是第14航空队前沿基地岛链上的重要一环。至1943年，美国陆军第14航空队在柳州机场的驻军达5000余人（包括中国雇员，其中多数为地勤人员），柳州机场成为盟军的最重要的基地之一。南宁机场也进行了两次扩修。1943年秋，飞虎队在桂林设立地面指挥所，指挥空防华南的军事行动。除此之外，飞虎队在桂柳战役期间用于临时起降的机场还有万冈机场、平南县丹竹机场、陆川县万丈机场、昭平县练滩机场、北海白屋机场。

太平洋战争爆发后，罗斯福总统明确表示务将陈纳德将军所指挥的飞机增至500架的最低数。为了准确了解当地的情况，以便更有效地开展作战，1942年10月19日，美国空军代表开莱等

中美空军混合团4位美籍指挥官合影，时间约在民国三十二年（1943年）底的桂林。图中左起：第1大队长布兰琪上校，后来担任第5大队长的柔斯上校，中美空军混合团指挥官摩斯上校，第3大队长本耐特上校

6人抵达桂林，与当地政府和军队进行沟通联系，此后，美国飞虎队越来越多地投入中国战场的战斗。桂柳会战前，桂林市是飞虎队的重要基地，驻守在市区二塘、李家村和临桂县秧塘机场的主要是第76战斗机中队。到1944年1月，计有驻桂P-40型机55架、B-29型机20架。

抗日战争时期，由于国民政府的空军正处于初建阶段，不足以与日军抗衡。因此，日军掌握了制空权。在前方和后方，日军飞机都可以肆无忌惮地轰炸。为了遏止日军对中国大后方城市的轰炸，飞虎队与日军飞机进行了激烈的空战，并轰炸日军的基地。1942年6月28日，日机空袭桂林，中国空军及飞虎队与之发生空战，击落日军飞机14架。1943年9月6日，日机24架飞机又一次侵犯桂林，驻守在秧塘机场的飞虎队升空与日机展开激烈空战，击落日机2架，击伤数架。1944年2月11日，驻守在桂林机场的美国飞虎队纳尔克尔中尉率战

驻桂林的美国陆军第14航空队23战斗机大队第74中队

斗机20架、轰炸机12架飞袭香港。1943年7月，飞虎队下属的中美混合联队第23战斗机大队76中队多次与日机在柳州上空发生激战，并对日占领下的香港、广州、台湾等进行轰炸。1944年2月26日晨，飞虎队2架飞机轰炸涠洲岛日军基地。6月25日，飞虎队3架飞机对涠洲岛进行扫射，正在演习的日军死伤多人。1944年4月5日，日机32架突袭南宁，美军9架飞机迎战，击落、撞毁日机9架。1944年8月31日下午4时30分，美国陆军第14航空队375轰炸机中队一架编号为40783号的B-24远程轰炸机，奉命从柳州基地起飞，轰炸停泊在台湾一个港口的日本军舰，完成任务返航时，因柳州基地遭日军轰炸，改飞桂林秧塘机场，途中不幸失事坠毁在兴安县的猫儿山，10名机组人员全部遇难，他们是：皮尔庞特、托曼戴尔、丹明、沃特、戴陆西尔、杰格、凯雷、基尔西、伯克雷和奈瑟武德。1945年5月31日8时，飞虎队再次轰炸涠洲岛日军设施。

飞虎队编号为40783号的B-24远程轰炸机机组10位飞行员的全家福。在拍摄这张照片10天后，他们在执行任务返航时，不幸在广西兴安县猫儿山坠毁遇难

1944年，桂林机场的美国飞虎队轰炸机从机场起飞，执行任务

飞虎队进驻广西各基地后，一方面主动攻击日军设在沿海地区的军事目标，另一方面则担负保卫中国大后方城市及军事目标的重任。

飞虎队除了在空中打击日本侵略者外，也经常配合中国军队的地面作战。1944年6月，当日军开始进攻衡阳的时候，飞虎队的战斗机和轰炸机与日军进行了6个星期的激烈战斗，这是整个“1号作战”中，中国军队唯一的一次大规模抵抗。9月上旬某日，飞虎队飞机9架，轰炸桂平县城日军驻地。9月24日，飞虎队分两批共21架飞机分别在容县西大街商会及南门街瀛潭寄庐门前日军的宿营处投弹。10月31日中午，飞虎队的3架飞机向尧山的日军投掷炸弹，给守城的国军官兵以很大的鼓舞。11月2日和3日，空袭兴安日军供应线，毙敌475名、马105匹，毁卡车51辆。5日，助战桂林前线，袭炸大墟一带敌占村庄，毙敌130名。同月19日至12月下旬，袭击由柳州向宜山开进的日军和柳州机场及日军后方供应线。

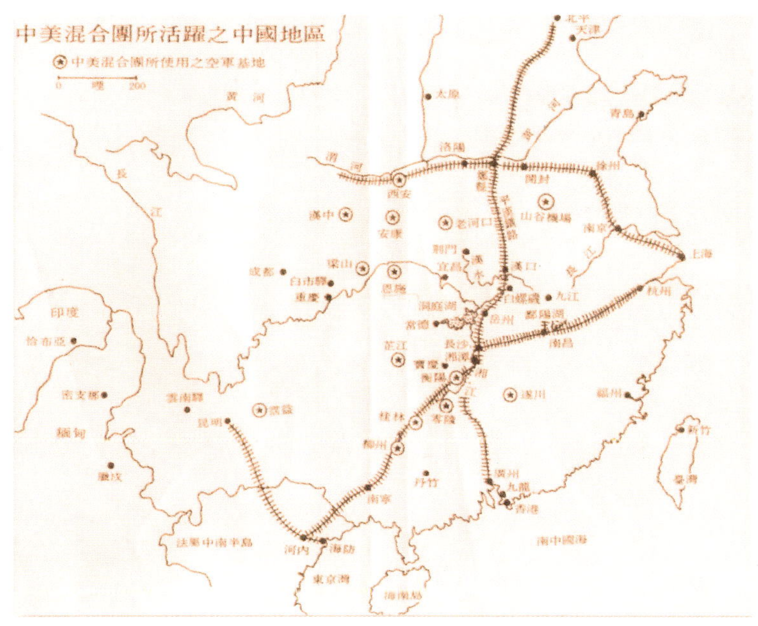

中美混合团活跃的中国地区

2.苏联航空志愿队在广西

昆仑关战斗结束后，苏联飞行员在交流作战经验

1937年，抗日战争全面爆发。薄弱的中国空军经过几个月的战斗，所剩寥寥无几。国民政府迫不得已开始寻求外援。经过接洽，苏联同意对中国抗战的正面战场进行援

苏联航空志愿队使用过的臂章

助，派遣航空志愿队来华，并提供飞机565架。在苏联航空志愿队的帮助下，中国空军的飞行员和空军军官学校的飞行员逐步掌握了苏制飞机的性能。1938—1942年间，中国空军一直以苏制飞机为主力对日作战。1939年12月15日，苏联航空志愿队进驻柳州机场。桂南会战时，中国空军调集第1、第3、第4、第5、第6大队和苏联志愿队等各式飞机115架，以空军第1路军司令张廷孟坐镇柳州指挥，第3路司令邢铲非驻桂林协同陆军作战。1940年1月，苏联援华航空志愿队巴布什金率领“伊-161”型驱逐机一个大队经苏联空军顾问同意后，从重庆调来桂林准备参加昆仑关战役。桂南会战是中国空军自武汉、广州失守以来协同陆军作战的最大的一次行动。在整个桂南空战中，中国空军和苏联志愿队共投弹28吨，炸毁敌机15架，并在桂林、柳州、零陵、芷江等地上空与日机进行空战18次，击落敌机11架。战斗中9名中苏飞行员牺牲，12人负伤，最终胜利完成了支援地面作战的任务。其中，巴布什金大队长不幸中弹，壮烈牺牲，遗体被运回苏联。是年9月16日，苏联红军派来广西的军事顾问巴布什金步兵中校，因病在桂林逝世，永远安息在桂林的西山南麓。为支援中国反对日本法西斯的侵略，两位巴布什金同志献出了宝贵的生命，中国人民会永远怀念这些伟大的国际主义战士。

伊万·米哈依洛维奇·巴布什金（1905—1940），俄罗斯人，农民出身，苏共党员。出生于平兹省格洛维申区格洛维申诺村。为支持中国人民的抗日斗争，1939年被派到中国任军事顾问。在反抗日本侵略战争中，他体现出了高度的国际主义精神。1940年9月在桂林逝世，原葬于桂林甲山，后迁葬于西山公园北风景区

六

胜利反攻

1944年，日军在太平洋战争中惨败，日本大本营为保持本土与南洋的联系，拟定了夺取中国南方和西南方空军基地的战略计划，发起了以“打通大陆交通线”为目标的“1号作战计划”，中方称豫湘桂战役。1945年4月，中国军队发起战略性反攻。在桂柳战场上，中国军队第2方面军、第3方面军于5月26日光复南宁，6月29日光复柳州，7月28日光复桂林，8月15日光复梧州，日本天皇宣布无条件投降。桂柳反攻作战共击毙日军4000余人，击伤5000余人。

（一）日军第二次入侵广西

1944年8月，日军为实现其“1号作战”目标，以原驻武汉的第11军和原驻广州的第23军为主力组成第6方面军，由冈村宁次大将任司令官，兵力共16万人，沿西江、湘桂公路及其以东地区、湘桂铁路及其以西地区，分三路向广西进攻。

1944年9月，日军从湖南、广东两面向广西进攻。其第11军下辖的6个师团，沿湘桂铁路南下，9月11日占领广西黄沙河，14日攻占全县（今全州县）。第23军下辖的2个师团从广东三水、四会沿西

日军飞机铺天盖地狂轰滥炸桂林城

江两岸西进，9月12日占领怀集，21日攻占梧州。另一个独立旅团则从雷州半岛出发，9月23日占领容县。28日，日军两支部队攻占平南及丹竹机场。至此，日军对桂柳地区形成南北夹攻之势。10月下旬，日军第23军、11军开始进攻柳州、桂林。11月初，第23军先后攻占武宣、来宾、柳城，9日进攻柳州；第11军也同时占领桂林郊区。11月10日，桂林经过一番恶战后被日军占领。同日，柳州失守。国民党第四战区司令长官张发奎率残军退守宜山。日军追击，14日占领宜山，21日突入金城江，22日占领河池。其时在河池南丹的难民20多万人，在公路上忍饥挨饿，日本飞机低空扫射，日军跟踪追杀，百姓死伤累累。中国军队第92军由黔南开入广西与日军作战，但仅打了两天就溃散了。11月26日，南丹丢失。日军分两路打

1944年8月，乘坐火车撤退到大后方的难民

1944年，被日军飞机轰炸后燃烧中的桂林市

进贵州省，12月2日，陷独山，4日，撤退到河池固守。日军不等黔桂线战事结束，便在桂南、桂西发起攻势。11月21日，从贵县进占宾阳。24日，南宁沦陷。紧接着，盘踞在越南的日军派一特编支队3000人于11月28日分三路侵入镇南关、龙州、宁明。南宁日军派一个联队向邕龙公路推进，两股日军于12月10日在东门镇会合。至此，日军完成打通大陆交通线的作战任务。此后，留守广西的是日军第11军统辖的4个师团又1个旅团，约10万人，军部驻柳州。日军的占领区大体是湘桂铁路、黔桂铁路、桂越公路沿线和西江沿岸，包括桂、柳、邕、梧4市和54座县城及一部分圩镇，约占广西面积和人口的2/3。国民党广西省府从桂林退到宜山，经都安、百色，退到凌云、乐业，只保有桂西和桂东、桂南30多个县。

日军在其占领的地方，极力收罗地痞、流氓、土匪、恶棍，以及国民党军政人员中的民族败类，组织“维持会”。维持会的汉奸为虎作伥，欺骗人民回城当“顺民”，强制人民领“良民证”，为日军刺探情报。同时派丁拉夫，勒收捐税，搜刮粮食、物品和妇女。由于人民的抵制，回城的人不多，日军也无法成立全省或地区性的伪组织。已成立的伪组织，不断受到抗日军民的打击。

日军第二次入侵广西，进行了疯狂的掠夺、屠杀。据1946年初步统计，日军在广西抢夺的谷米杂粮共1738万担，耕牛48万头（占全省耕牛的1/3）；广西人民被杀21.108万人，受伤43.3823万人，染病死亡28.322万人，失踪5.8456万人，被毁房屋31.4394万间。桂林市全城原有房屋47359间，战后只剩下471间，绝大部分被毁，柳州市被毁约95%，梧州、龙州大半成为焦土，全省无家可归难民240万人。日本侵略者的罪行，激起了具有抗击侵略传统的广西人民的坚决反抗，群众性的抗日武装斗争蓬勃兴起。

民众清理遭日军杀害的柳州市民尸体

（二）桂柳会战

1944年8月，日军攻陷湖南衡阳后，由湖南、广东分兵向广西进犯。蒋介石严令第四战区（广西属第四战区作战地区）司令长官张发

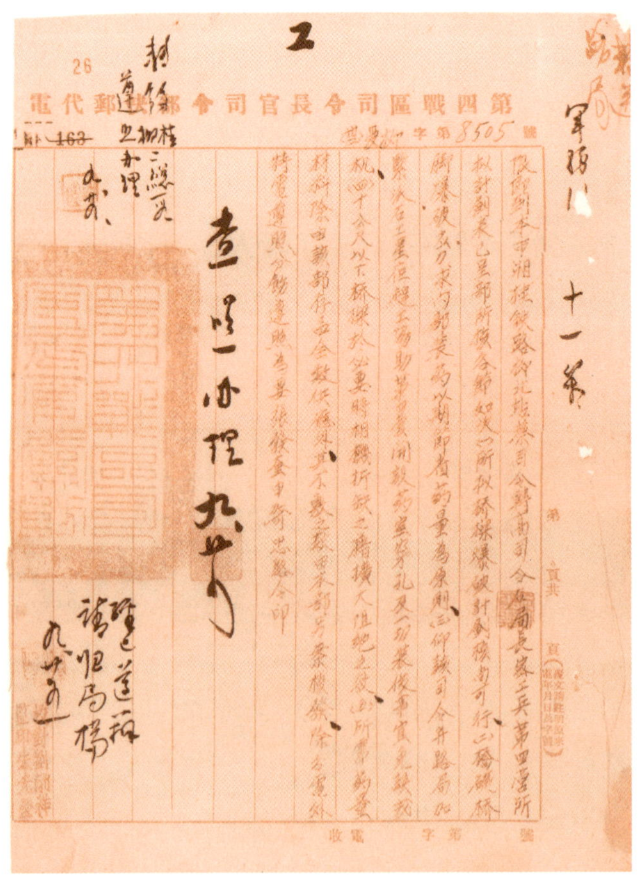
第四戰區司令長官司令部代電

第四战区司令长官司令部关于破坏湘桂铁路阻敌的命令

奎在广西的桂林、柳州等地进行防御抗敌，史称“桂柳会战”。桂柳会战是抗日战争期间继桂南会战之后中日两国军队在广西境内进行的第二次大的会战，也是豫湘桂会战的第三阶段。

1944年8月29日，日军第6方面军第11军（司令官横山勇）指挥第3、第13、第34、第37、第40、第58及战车、重炮联队，共6个师团又1个旅团，由衡阳沿铁路向湘桂边界推进；以第23军第22、第104师团和第22独立混成旅团，于9月6日由广东清远等地沿西江向广西梧州进攻，第23独立混成旅团由广东遂溪向广西容县进攻。中国第四战区司令长官张发奎指挥第27、第16、第35集团军，及第六战区孙连仲第24集团军、汤恩伯兵团，共9个军、2个桂绥纵队、空军一部（飞机217架），共约20万人，在黔桂湘边区总司令部的3个军支援下，以分区防御抗击日军。所部编组为桂林、荔浦、西江3个方面军，南宁、靖西2个指挥所，以第31军贺维珍部2万兵力固守桂林，拟集中一部兵力先击破西江方面之敌。9月11日，日军沿湘桂公路进攻黄沙河。负责桂北防守的93军退守大溶江。14日撤守全县，致使桂北门户洞开。第四战区以93军擅离职守为由，将93军军长陈牧农逮捕枪决。日军第34师团主力留守全（州）县。

10月8、9日，日军第11军主力集结于兴安、全县、灌阳附近。中旬，分三路向桂林进犯：一路向大溶江93军阵地攻击，一路由兴安向高尚田和灵田圩，一路由灌阳向海洋圩、大圩，目标都指向桂林。负责桂北军事指挥的第四战区副司令长官兼16集团军总司令夏威命93军加强防御工事守备大溶江原阵地；命79军守备高尚田之线；命新19师守备海洋圩之线；命各军在大溶江、高尚田、海洋圩之线拒止敌人，未奉命令不得擅自撤退。16集团军总部置于永福县城，设指挥所于桂林城内。10月17日起，日军全线总攻击，10月30日，日军推进至桂林城郊，河东岸苗山附近、北门外车站以北地区发现日军先头部队。31日上午7时，日军从河东岸向屏风山、猫儿山作试探性攻击；下午3时，将军山以南李家村附近及西门外检查站附近和猴子坳以西地区均发现日军；是日，日军形成对桂林城的包围圈。

中国方面为保卫桂林，成立了桂林防守司令部，战斗序列如下：城防司令中将韦云淞，参谋长中将陈济桓；31军司令部及直属部队，军长中将贺维珍，副军长冯璜（调出城）；31军131师师长阚维雍，副师长郭少文；46军170师师长许高阳，副师长巢威，每师辖步兵3团约1万人；另有79军294团，175师步兵1营，188师步兵1营，炮6团一五榴弹炮1连（4门），军直属炮兵1营（山炮12门）。

桂林守备部署是：（1）以131师守备中正桥以北沿河区北门至甲山口之线，及河东岸屏风山、斧头山、七星岩、猫儿山、水东街沿河之线及各个独立据点。131师部署是以393团（团长陈村）为师右翼队，守备中正桥以北沿河至北门之线，以392团（团长吴展）为师左翼队，守备北门至甲山口之线，以391团（团长覃泽文）两营为河东守备队，守备河东岸各个独立据点及水东街沿河之线；由391团抽调1营为师预备队，控制于师部附近。（2）以170师守备中正桥以南沿河区、定桂门、南门、西门至甲山口之线，及象鼻山、将军桥、将军山各个独立据点。170师部署是以510团（团长郭鉴淮）守备中正桥以南沿河区定桂门、南门之线，以509团（团长冯丕铭）守备西门以西沿河至甲山口之线，以508团（团长高中学）两营守备象鼻山、将军桥、将军山各个独立据点；由508团抽调1营为师预备队，控制于南门附近。（3）79军712团守备德智中学及以西山地各个据点。（4）31军直属炮兵营，以炮兵1连（山炮4门）配置象鼻山，以1连配置于北门附近，以1连配置南门。炮6团一五榴弹炮4门配置于皇城附近，统归炮兵指挥官炮6团陈团长指挥。（5）总预备队2营（188师步兵1营、175师步兵1营）置于北门附近。

11月1日上午8时，日军步兵2股、每股约300人分向屏风山、猫儿山各个独立据点进行攻击，我象鼻山炮兵向敌射击，支援我各个据点的作战。我一五榴弹炮及北门山炮兵连向集中在北门车站附近之敌作歼灭射击。攻击屏风山、猫儿山的日军黄昏时撤去。11月2日，日军一部向屏风山，一部向猫儿山，一部向将军桥，一部向德智中学以西石山阵地进行攻击，一大部由北门车站向北门甲山北之线攻击，战斗较为激烈。11月4日，日军四面进行攻击，屏风山、猫儿山战斗异常激烈，日军步兵在炮兵掩护下，向屏风山、猫儿山据点猛攻。黄昏时，屏风山、猫儿山据点同时被日军攻陷，每据点我守军仅步兵1排，配属重机枪一挺，官兵除受伤外，全部殉国。11月5日，日军约2000余人分6股向我德智中学以西山地阵地进行猛烈攻击，日军炮兵约10余门支援其步兵攻击，由上午7时开始战斗。至黄昏时，我守军无兵增援，山地阵地被敌攻陷一半，仍断续战斗。北门河东岸西门将军山之线均发生激烈战斗。11月6日上午，日军占领河东岸斧头山七星岩山顶，我守军仍在各个岩口独立据点与敌作激烈的战斗。下午6时，水东街沿河阵地均被日军攻占，我守军退回各个岩洞的据点内，继续作战。桂林河东西岸的交通被日军截断，城内与七星岩391团通信只能利用无线电话。同日，将军山、西门、甲山、德智中学以西山地均在激烈战斗。11月7日，日军战车掩护步兵分向西门、北门阵地攻击，被我军击毁4辆。11月8日，河东岸日军利用火焰器攻击我岩洞各个据点，将岩洞外的树木全部烧光，我守军仍继续战斗。日军使用大量的毒气弹攻击，守军中大多数没有见过毒气，不知道躲避，所以大量中毒死伤。391团800名士兵（多为伤兵）在七星岩抗击日军，9日，日军

日军在七星岩前施放毒气

第40师团第234联队第1大队向七星岩内施放毒气，岩内官兵全部牺牲。11月8日，德智中学以西山地除猴子坳及德智中学外，全部被日军攻占。我军712团伤亡过大，仍守猴子坳及德智中学各个据点，与敌战斗。晚上8时至10时，日军集中优势炮兵一五加农炮约30余门、山炮100余门向我城内各据点作打击性的炮击，步兵在炮兵掩护下分向我阵地猛扑。各方面攻击的日军都被击退，唯守备中正桥以北盐街沿河之线的守军阵地，被日军炮兵摧毁，日军步兵由河东岸利用木排强行渡河成功，一股约300余人窜入盐街，中正桥桥头堡及沿河各个独立堡垒均被占领。我象鼻山炮兵发现日军强行渡河后作猛烈射击，将日军后续渡河部队阻止截断。韦云淞知道中正桥桥头堡及沿河之线被日军突破，一部日军窜入盐街后，即派师预备队在皇城方面堵击窜入城中的日军，并命令恢复中正桥桥头堡及沿河之线阵地。窜入盐街的日军，被我两方夹击，围困在街道构成的房屋堡内。日军各方面仍继续攻击。9日，日军第58师团发动全面进攻，虞山、凤凰山、扁崖山各地中国守军全部阵亡。至夜，四面日军均已攻入市区。11月10日下午4时，城防司令韦云淞以桂林战况不利，召集守城高级将领开紧急军事会议，决定放弃桂林突围。131师师长阚维雍在奉命守桂林时，即具与城共存亡的决心，曾写下绝命书信寄柳州给其家属，不愿突围，自杀殉国。守军除第16集团军副总司令兼桂林防守司令部司令韦云淞和31军军长贺维珍率领少数幕僚突出重围外，桂林防守司令部参谋长陈济桓、31军参谋长吕旃蒙、170师副师长胡厚基以下官兵2400余人在战斗中阵亡。桂林陷落。

陈济桓（1893—1944），广西岑溪人。1944年日军侵桂，任桂林防守司令部参谋长（后任副司令），城陷负伤，难以突围，自戕殉国。中华人民共和国成立后，民政部追认为革命烈士

吕旃蒙（1904—1944），湖南零陵人。第31军参谋长，在桂林防卫战中率部多次击退日军进攻，后突围时殉国。中华人民共和国成立后，民政部追认为革命烈士

阚维雍（1900—1944），广西柳州人，第131师师长，桂林防卫战中城陷殉国。中华人民共和国成立后，民政部追认为革命烈士

据日军方面统计，桂林战斗中，中国军队阵亡5665人，被俘13151人，被日军缴获各种口径的火炮156门、重机枪110挺、轻机枪359挺、步枪2737支。

11月7日，第27集团军接到改为中央兵团，固守柳州的命令后，以急行军于当夜到达指定位置，当即进行防御部署：令第37军在象县以北掩护主力向柳州转进，令第188师在柳州以北、以东的长塘、东泉各附近掩护柳州侧背安全，令第26军防守柳州，令第20军在柳州西车站附近待机。第26军以第41师守备柳州东面和北面，第44师守备西面和南面。8日，日军第13师团及第3师团分别进至柳州以北6公里处和柳江东岸，第23军的104师团先头第161联队进至柳州南约18公里的四方塘（第22师团仍在贵县北龙山地区）。杨森急令第20军的第134师在柳州西岸担任河防，并以一部占领鹅山，以加强防守力量。9日，日军第13师团、第3师团分由柳州以北、以东和东

1944年11月，被日军占领的桂林火车站

南发动总攻。当日中午，日军第3师团的第34联队由三门江附近强渡柳江，进至西岸；第13师团先头第104联队攻入柳州北部；第104师团先头第161联队第3大队亦进至柳州机场南侧。10日凌晨，日军第3师团第34联队与第104师团第161联队第3大队攻占柳州飞机场。美国陆军航空队支援战机30架及柳州机场遭日军击毁；坚守柳州城区的第26军伤亡过半，奉命撤离，柳州失守。随后，日军第3、第13师沿黔桂铁路（都匀—柳州）向西北进攻；第23军沿柳邕公路（柳州—南宁）向西南进攻，11月24日攻占南宁。

11月28日，日军南方军第21军一部从越南突入中国，向广西绥渌（今属扶绥）进攻。沿黔桂铁路进攻的日军至12月2日攻至贵州独山，遭黔桂湘边区总司令部部队的反击，撤回广西河池。12月10日，驻越南的日军第21军与第23军各一部在绥渌会合。至此，大陆交通线全部打通。日军伤亡约13400人。

桂柳会战中的中国军队

（三）中共广西组织领导的敌后游击战争

1944年7月，中共南方局工作委员会负责人王若飞按照中央的战略部署，派原中共桂林统战工作委员会书记李亚群专程到广西向南方局所属的党组织传达南方局的指示和安排有关爱国民主人士疏散、转移。李亚群通过张兆汉向广西省工委转达南方局对广西党组织的指示：日军企图打通大陆交通线做最后挣扎，国民党军为保存实力将不战而退，广西即将沦为敌后。因此，今后应按实际情况布置工作，放手发动群众，组织抗日武装队伍，建立抗日游击根据地。党内同志能上山打游击的，就上山打游击。8月，中共广西省工委根据党中央、南方局指示的精神，结合广西的实际情况，做出了开展抗日武装斗争的《八月决定》（简称《决定》）。

《决定》提出，广西党组织当前的中心任务是“一切为了建立抗日武装”“一切为了发展游击战争”。要求全省各地党组织揭露国民党不战而退的政策，揭露桂系顽固派消极抗战、积极反共的行为，动员广大群众进行抗日保家乡的武装斗争，做好干部、武器准备，到敌后开展抗日游击战争。《决定》还提出，为了避免桂系当局的打击，应参加桂系组织的各种武装，从中争取领导权，搞好统一战线工作，争取当地父老绅士支持；在部队中建立政工组织，做好思想政治工作。《决定》对广西开展抗日武装斗争的最高要求是建立与创造敌后根据地。省工委认为，桂东北、桂东南战略位置十分重要，我党的力量较强，有创造根据地的条件。因此，省工委决定把主要力量集中于这两块地方。考虑到广西沦陷后交通隔绝，联系困难，省工委决定分工，由书记钱兴负责领导桂东北、桂东的工作，代理副书记黄彰负责桂东南、桂西南的工作。同时要求各特委、县委、特支、支部根据情况独立作战。省工委派桂东特派员黄嘉和省工委的交通员庄炎林、肖雷分别到桂东北、柳州、桂北传达《八月决定》，黄彰从桂中赶赴桂东南，直接领导该区的武装起义的准备工作。

1944年6月，时在重庆和国民党谈判的中共中央秘书长王若飞（后任南方局工作委员会书记）接见了到重庆向南方局汇报工作的中共广东南路特委书记周楠，对南路的工作做了指示，强调指出：日军将要打通湘桂线，南路会变成敌后，必须加强党的建设，宣传群众，团结人民，建立我们党直接领导的独立自主武装，搞好抗日民族统一战线，开展抗日游击战争。同时，决定南路特委暂由南方局直接领导。7月，周楠返回湛江。南路特委按照王若飞的指示，积极发展抗日武装。钦廉四属党组织开始建立秘密或半公开的抗日武装，准备开展敌后游击战争。12月，日军打通湘桂线后，周楠通知中共钦廉四属党组织联络员阮明和南路特委政治交通员兼合浦公馆区特派员谭俊到湛江汇报工作，向他们传达了特委的决定：集结武装队伍，准备在春节前后举行抗日武装起义。所有共产党员都要参加武装起义，在斗争中接受考验、审查，并指定阮明兼任钦廉四属军事特派员，负责领导武装起义。

日军发动湘桂战役后，中共中央对华南的敌后战场极为关注。1944年9月1日，中共中央做出了派八路军分批挺进华南，与广东东江纵队会合，开辟以五岭为中心的粤桂湘赣边抗日根据地的战略决策。10月上旬，以八路军120师359旅主力4000余人，组成八路军独立第1游击支队，由王震任司令员，王首道为政委。11月9日，该支队从延安出发，经河南、湖北、湖南向华南进军。1945年5月18日，中共中央军委决定：将八路军120师359旅留延安的部队组成八路军游击第2支队，司令员刘转连，政委张启龙；将陕甘宁晋绥联防军第一旅组成八路军游击第3支队，司令员文年生，政委雷经天，并从延安各机关、部队、学校选调一批广东、广西等省籍的干部，组成干部大队，随第3支队南下。6月初，这两个支队从延安出发，分别经晋绥边、太岳渡黄河向华南进军。由于路途遥远，并遭到日伪军和国民党顽军的重重堵截，1945年8月中旬，八路军游击第2、第3支队进抵河南新乡时，日本已宣布投降，旋即奉命挺进东北。独立第1支队于1945年8月下旬抵达粤北南雄县境，即将与东江纵队北上接应部队会师，但因国民党派出重兵围攻而难于立足。9月上旬，第1支队奉命北返新四军鄂豫皖根据地。八路军3支队南下部队虽未能实现在五岭地区建立抗日根据地的计划，但他们的英勇进军极大地鼓舞了粤、桂、湘、赣等省党领导的人民抗日武装的斗志。

中共中央还几次致电广东省临委，指出，“特别注意西江，迅速向桂林、柳州发展，你们今后主要发展方向是广西与南路”，要举办干部学校，“分批集训，主要向广西方向派遣”。“华南抗日武装斗争应由小北江入手，以湘粤桂边为主要发展方向，方能有所依靠，并便于造成更大的根据地，进行持久的斗争”。广东省临委根据中共中央的指示，于1945年春从东江纵队抽调林克武、刘一桢、徐为楷、黎汉威等一批广西籍的党员干部回广西，参加创建桂东南抗日根据地。他们到达广东雷州半岛后，桂东南抗日武装起义已失败，后留在南路人民抗日解放军工作。

1944年秋，广大共产党员按照省工委的《八月决定》，分赴具有战略意义的地区，扎根农村，向群众宣传共产党坚持抗战、全民抗战的主张；宣传全国和国际反法西斯战争的形势，特别是八路军、新四军在敌后战场所取得的重大胜利和解放区欣欣向荣的景象，以增强群众抗日必胜的信心；揭露日军肆意烧、杀、掳、掠、奸淫妇女的种种暴行，激发人民群众对敌人的仇恨；揭露国民党顽固派消极抗战、积极反共的反动政策，号召人民组织起来，卫国保乡。共产党员挺身而出，带头参军参战，有的还动员自己的兄弟、妻子入伍，有的毁家纾难，变卖田产，用于购买枪支、弹药，献出粮食，供应游击队。

在共产党员模范行动和深入细致的政治思想工作的感召下，各族同胞纷纷加入人民武装的行列。从1944年秋至1945年春，中共广西省工委下辖的党组织和钦廉四属党组织先后在各地建立了近30支人民抗日游击队，有指战员约7000余人。

桂东北地区　有灵川、全（县）灌（阳）、临（桂）阳（朔）抗日游击队。灵川抗日游击队由中共灵川特支于1944年8、9月创建，部队共两支，一支为灵川抗日政工队，由特支副书记吴腾芳任队长，另一支为潞江抗日自卫队，由全昭毅任队长，特支书记阳雄飞任政治指导员（后改称潞江抗日自卫第7大队，由阳至冠任大队长）。两支部队共280余人，活动区域为灵川县。全灌抗日游击队由中共灌阳特支于1944年9、10月组建，分为全县恩乡大田、美田、立田抗日自卫队，石塘抗日游击队，东山抗日政工队，全县学生抗日游击队，灌阳抗日政工队等7个分队，队员共约300人，由特支书记邓崇济统一领导，活动区域为全县、灌阳两县。临阳联队的前身是1944年8月成立的阳朔县兴坪青年抗日宣传队和同年12月成立的平乐县平北抗日游击队。1945年2月，这两支部队合编为“桂林区民团指挥部临阳联队”（5月改番号为桂东北人民抗日纵队临阳联队），由黎偶章任联队长，中共桂东北特派员黄嘉任政治委员，下辖2个大队、5个中队和1个民运队，全联队共350余人，活动区域为临桂、阳朔、平乐、荔浦、恭城5县。

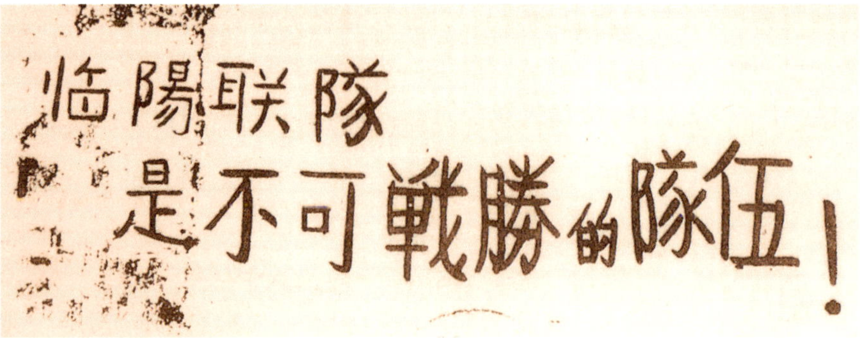

"临阳联队是不可战胜的队伍!"此为中共广西省工委领导的临阳联队在阳朔县古座塘写的标语。在日军第二次侵桂期间，临阳联队先后与顽敌作战11余次，毙伤日军30多人，击沉日军运粮船4艘，击溃日军运粮船队3支

柳北地区 有中共桂北临时联合工委（负责人罗培元）领导的融县抗日挺进队、挺秀队，镇国政工队，柳州日报警卫队和中共灵川特支领导的桂林师范学校战时服务团。挺进队是柳北游击队的主力，成立于1944年12月，原番号为融县自卫独立第2分队，后改称融县抗日挺进队，由杨繁任队长，下辖7个分队，有队员约800人。镇国政工队成立于1945年1月，队长郑思，政治指导员司马文森，有队员30多人。柳州日报警卫队成立于1945年1月，队长由罗培元兼任，政治指导员陈光（陈扬），有队员40余人。挺秀队成立于1945年2月，由黄略任队长，中共融县特支副书记莫矜任政治指导员，下辖3个分队，有队员近100人。柳北抗日游击队的活动区域为融县、罗城、柳城3县。桂师战时服务团的前身是1944年7月成立的桂师暑期抗日宣传队。该队当时在桂北的兴安、全县、灌阳地区开展抗日宣传工作。9月，桂林师范学校奉令疏散至罗城县三防，暑宣队转往三防活动。1945年2月，桂师的中共组织决定以暑宣队为基础，成立桂师战时服务团，团长蔡纯华，指导员李文松，下设2个战斗班和1个文艺宣传队，全团有40余人。服务团随即开赴柳城县开展抗日游击

斗争。

桂东南地区　有博白、陆川、贵县、兴业4县抗日自卫军。1944年10月，中共广西省工委代理副书记黄彰、玉林区特派员吴家宜在贵县社塘村召开桂东南各县党组织负责人会议。会议传达了省工委的《八月决定》，做出了发动抗日武装起义的部署，决定成立桂东南抗日游击区办事处，作为该区人民武装的统一领导机构，由黄彰、吴家宜任正副主任。12月，中共博白县委组建博白民主抗日自卫军，由林执真任司令员，县委书记熊景升任政治委员，下辖3个中队和青年支队，有队员1200多人。1945年1月，中共陆川县委组建陆川县人民抗日自卫军，由廖家义任司令员，县委书记温翊俊任政治委员，下辖3个支队，有队员700多人。3月3日，中共贵县县委组建贵县抗日自卫军，由县委书记谭留科任司令员，下辖3个支队，有队员200多人。同日，中共兴业县委组建兴业县人民抗日自卫军，由李云蒿（李新毅）任司令员，张熙和任政治委员，下辖5个支队，有队员500多人。桂东南抗日自卫军近2800人，是广西由共产党领导的最大的一支人民武装，活动区域为博白、陆川、贵县、兴业4县。

钦廉地区　有南路人民抗日解放军第3支队所辖的合浦大队、合浦小江大队、合浦西场大队、灵山大队和钦县人民抗日解放军、钦防华侨抗日游击大队等6支武装。合浦大队于1945年2月7日成立，大队长李世益、政委陈明景。合浦小江大队于1945年2月中旬成立，大队长陈汉雄、政委叶国良。合浦西场大队于1945年3月12日成立，大队长王克、政委包恭。合浦的3个大队指战员共700余人。灵山大队于1945年2月8日成立，大队长郑世英、政委陈铭金，有队员约400人。钦县人民解放军于1945年2月17日成立，指挥朱守刚、政委卢文，有队员110多人。钦防华侨抗日游击大队

（在国内活动时称钦防人民抗日游击大队）于1945年6月22日成立，大队长沈鸿周、参谋长（党内是党代表）黄木芬（黄木芬牺牲后党代表由严秋接任），有队员150余人。钦廉四属的6支人民抗日武装均由当地中共组织创建，排以上干部大都由共产党员担任。活动区域为合浦、灵山、钦县、防城4县及越南海宁省马头山、棠花地区。

其他地区　桂西有中越边区抗日游击大队、河池县光隆乡抗日自卫大队，桂中有武宣县东乡抗日义勇队，桂南有武鸣县邓广乡抗日义勇队。河池县光隆乡抗日自卫队由中共河池特支于1945年2月组建，特支委员韦景光任队长，有指战员50余人。武宣县东乡抗日义勇队由中共东乡支部于1945年1月组建，队长潘新潮，有指战员50余人。武鸣县邓广乡抗日义勇队由中共武鸣县特支组建，吕瑞麟任队长，有指战员120人。

此外，横县、宾阳、上林、都安、宜山、柳城、忻城、龙州、凭祥等县，也有一些党组织、党员（包括在桂林“七九”、玉林“一·一三”、南宁“一·一五”反共事变后与党组织失去联系的党员），通过各种渠道，到国民党的地方武装工作，推动这些部队抗日，并在斗争中取得一定的领导权，或与当地的开明士绅、爱国青年、退伍军官一起组织群众武装，开展抗日保乡斗争。

桂系当局在日军第二次入侵广西期间，并没有放弃抗日的旗帜，其军队溃败后没有投降，而是转入山区保存实力，待机而动，其地方军政官员为了保住地盘，也采取了某些积极措施，组织、扩大地方武装。鉴于此，各地的中共组织按照省工委的《八月决定》，继续执行国共合作抗日的方针，大部分人民抗日武装，通过统战工作，争取当地国民党军政当局的承认、默认、支持，使用其授予或允许使用的番号，以取得合法存在的地位。同时，坚持独立自主的原则，按照人民军队的建军路线，在游击队内建立政治工作制度，大力加强政治思想工作，提高指战员的思想觉悟，认真执行“三大纪律、八项注意”和官兵一致、军民一致的原则。同时积极物色、培养骨干，发展党员，在队内建立党组织，使游击队成为党领导的人民武装。这一建军过程在临阳联队表现得最为明显。1944年8月，共产党员曾金全、陈大良、陈传林按照省工委《八月决定》精神，先后在阳朔县兴坪找到该县国民中学的教师赵志光（赵桂器）。赵原是桂林师范学校的进步学生，曾参加广西学生军，与共产党员有过接触。其父是开明绅士，在当地很有声望。在儿位共产党员的动员、激励下，赵志光利用其家庭的社会关系，争取县、区、乡政府的同意，成立由当地爱国学生和从桂林疏散到兴坪的部分青年工人、学生组成的“兴坪青年抗日宣传队”。9月下旬，宣传队的队员增至30余人，并筹集到一些武器，遂通过合法手续，扩建为“兴坪青年战时服务队”。由赵志光任队长，共产党员、原新四军干部孙忆冬任政治指导员，曾金全任党的负责人。不久，广西省工委交通员萧雷到平乐县浦地找到原桂林师范学校的进步同学陆支礼，吸收他加入中国共产党。陆支礼按照省工委《八月决定》的精神，深入发动群众，于同年12月组建了平北游击队。翌年1月，中共广西省工委书记钱兴决定以这两支小分队为基础，组建临阳联队，创建以海洋山为中心的桂东北抗日根据地，遂将桂东特派员黄嘉调任桂东北特派员，任命萧雷为桂东北副特派员。同时从桂东抽调10多名党员干部到阳朔工作。黄嘉、萧雷到阳朔后，决定将平北游击队调至阳朔，与兴坪战时服务队汇合。为使部队能“合法”存在，部队番号暂定为“桂林区民团指挥部临阳联队”。1945年2月20日，临阳联队正式成立。联队虽名为“民团”，实际上是按“党军”来建设的，联队长黎倜章（国民党爱国军官，1945年春加入中国共产党），政治委员黄嘉，副联队长赵志光（1945年7月牺牲后，被追认为中国共产党党员），副政治委员兼政治部主任萧雷，参谋长谢韧天（国民党爱国军官，1945年5月加入中国共产党）。大队设政治教导员，中队设政治指导员，分队（排）设政治干事。中队以上政工干部全部由共产党员担任，军事干部大都由共产党员担任。各个中队和民运队成立了党支部，作为部队的领导核心。政工干部经常给战士上政治课，进行爱国主义、共产主义教育，使这些刚刚拿起枪的农民、学生很快成为有政治觉悟的革命战士。对抗日与反顽的关系，人民军队应有什么样的纪律、作风等重要问题，则通过召开干部或骨干会议，进行民主讨论，明辨是非，取得共识。经过几个月的艰苦工作，部队发展到350多人，指战员的军政素质有了较大提高，联队已成为当地最强大的一支抗日武装。1945年5月中旬，党组织决定将部队番号改为桂东北人民抗日纵队临阳联队，并发表宣言，公开宣布临阳联队是共产党领导的抗日武装，开展完全独立自主的抗日游击战争。

广西是少数民族聚居的省份，各地党组织切实执行党的抗日民族统一战线政策和民族团结平等政策，发动、组织少数民族人民投身抗日洪流，和汉族人民一道为中华民族的解放而斗争。中越边区抗日游击大队、河池县光隆乡抗日义勇队、武宣县东乡抗日义勇队、武鸣县邓广乡抗日义勇队的队员大部分是壮族子弟。柳北、桂北、钦（县）防（城）抗日游击队也有部分队员是壮、侗、瑶族的子弟。这些经过抗日战火考验的少数民族战士在解放战争时期成为当地革命武装的骨干。

1944年9月，日军开始入侵广西，中共广西地方组织领导的游击队奋起抗击。鉴于侵桂之敌是日军精锐部队，装备精良，训练有素，富有作战经验，我方的游击队刚刚组建，属“四无部队”（没有经过训练，没有作战经验，没有足够的武器、弹药，大多没有官方供应粮饷），各游击队的指挥员从敌强我弱的实际情况出发，不打攻坚战、阵地战，不和敌人拼消耗，而是运用人民游击战争的战略战术，利用广西山多林密，道路崎岖，江河众多，滩险流急的有利地形条件，以伏击、阻击、截击、突袭、夜战、近战等战法，打击敌之先头部队、辎重部队或下乡掳掠物资的人员，袭击日军的仓库、兵站、哨所，积小胜为大胜。同时大力捕杀汉奸、特务，打掉敌人的耳目，使日军变成瞎子、聋子，寸步难行。游击队还积极发动群众参战、助威，使敌人不知虚实，草木皆兵，手足无措。战后则迅速撤离战场，分散隐蔽，使日军无法对游击队进行合围、扫荡，部队在险恶的环境中得以生存和发展壮大。各游击队凭着高昂的斗志、灵活的战术，与凶残、狡诈的日军搏斗，大小战斗100多次，歼灭日伪军、汉奸约1000人。主要战斗有：

八字堰伏击战　1944年11月初，驻全县的日军1个小队下乡掳掠，全县抗日学生游击队在其归途必经的八字堰利用地形设伏。日军进入伏击圈后，游击队员猛烈开火。激战中副队长杨庆祝背部中弹受伤，仍然继续指挥战斗。日军不支，仓皇逃窜。此战毙伤日军5名，夺回被掳的耕牛30余头、物资10多担，解救被抓的妇女三四十人、挑夫四五十人。

郁江截击战　1944年12月11日，日军独立步兵第248大队乘15艘木帆船自贵县县城溯郁江上驶，增援南宁。中共贵县香江乡支部领导的大江乡抗日自卫队当即开赴江边截击。其后，中共横县特支发动旭塘、临江、莲塘、长塘等沿江地区的抗日群众武装参战，国民党贵县、横县自卫队各一部亦投入战斗。经7昼夜激战，毙敌大队长渡部一郎中佐以下约80人，俘日军1人、汉奸4人，击沉敌船4艘，缴获敌船5艘，轻机枪3挺、步枪34支、军用物资一批。此役我方牺牲6人，伤20人。

贵县大江乡江头村河面。1944年冬，中共贵县、横县县委领导的抗日游击队在此截击日军船队，此次战斗击毙日伪军约80人

红石滩截击战 1945年1月25日，日军数百人乘船自武宣县沿黔江下驶桂平。中共武宣县东乡支部领导的仅有50余人的东乡义勇队不畏强敌，选择地形险要的红石滩进行截击，并派人联系对岸桂平县龙山的群众武装参战。此役歼敌一部，击毙其宪兵队长向井立夫。激战中，东乡义勇队3人牺牲，4人受伤（其中1人因伤势过重，后不治身亡）。其后一段时间，日军的黔江水上运输被迫中断。

大扁洲伏击战 1945年2月上旬，日军12人、融县汉奸武装30人押运13艘盐船自古顶村沿融江驶往融县县城。融县挺进队事先派1名侦察员化妆为苦力参与装盐，摸清敌情。挺进队领导决定选择滩险流急的大扁洲进行伏击。日伪军被打得晕头转向，弃船逃跑，挺进队

大扁洲。中共桂北联合临时工委领导的融县抗日挺进队于1945年2月5日在此截击日军盐船10多艘，缴获食盐2万多斤

缴获木船9艘、食盐2万余斤。消息传开，挺进队声威大震，当地青年争相请缨杀敌，部队迅速壮大。

岭尾渡伏击战　1945年4月的一天，驻灵川县甘棠的日军1个小队到潭下“赶圩”，抢购、掠夺物资。中共灵川特支领导的灵川抗日政工队在岭尾渡口设伏。政工队采取“击其隋归”的打法，敌人来时，故意不打，通过近距离观察，摸清其人数、武器装备情况。散圩后，日军在岭尾渡口登船过甘棠江，船驶至江中心时，全队同时齐射，弹雨倾泻而下。日军全无防备又毫无隐蔽物，一个接一个被击中翻身落水。仅经十几分钟的战斗，14名日军全部葬身鱼腹，我方以零伤亡取得胜利。

镇义伏击战　1945年4月的一天，灵川县政工队在镇义乡凤毛岭依据有利地形伏击下乡讨伐的日军1个分队，毙伤敌7人，敌慌忙撤退。次日，灵川日军警备队120余人分三路合围镇义。灵川政工队把日军诱至三面环山的金竹坳，在200多名参战群众配合下与敌激战一天，毙伤敌10余名。

牛尿塘伏击战　1945年5月中旬的一天，驻阳朔县兴坪的日军20余人准备将抢来的粮食用船运到阳朔县城。临阳联队突击队得到群众送来的情报后，连夜赶赴漓江边的牛尿塘进行伏击。次日凌晨，3艘日军粮船进入我伏击圈，突击队当即猛烈开火，站在船头瞭望的敌兵应声翻落江中。日军指挥官气急败坏，举起指挥刀命令士兵顽抗。突击队长邓洪慰命令战士集中火力攻击日军指挥官所在船。顷刻，日军指挥官被击毙，两艘船中弹进水，徐徐下沉，船上的日军慌忙跳上另一艘船，拼命向下游逃窜。此战，临阳联队突击队毙伤日军10余人，击毁敌船2艘，缴获了大批粮食。

融江截击战　1945年5月29日，驻融县县城的日军一个中队及融县维持会保安大队一部押运大批粮食及其他物资分乘23艘木船沿融江向柳州撤退。融县抗日挺进队在滩底一带进行截击。战斗打响后，统战武装何平大队、国民党军188师别动队及沿江群众武装亦赶至融江两岸参战。经一天多激战，日伪军一部被击毙，一部登岸逃窜，敌船大部被击沉，其余被缴获。

浪溪河截击战　1945年5月下旬，驻融县的部分日军向桂林方向撤退，融县挺秀队连夜出动，绕水路赶至浪溪河畔小片村的竹林中埋伏。拂晓，该股日军沿浪溪河边的马路行进，挺秀队奋勇截击，毙伤日军一部，大队日军无心恋战，向北狂逃。战斗刚结束，挺秀队获悉该县维持会保安大队大队长汉奸邓德麟率部向盘安长耙逃窜的情报，遂不顾疲劳，直扑长耙，将该保安队包围，并开展政治攻势。邓德麟见突围无望，被迫下令缴械投降，共交出步枪、手枪20多支。

下棠花袭击战　1945年6月29日，钦防华侨抗日游击大队突袭依附日军的越南伪军的下棠花据点，经两个小时激战，攻入了据点的前半部，在该处防守的伪军1人被击毙，14人缴械投降。驻守据点后半部的伪军龟缩屋内负隅顽抗。不久，驻潭下的日军100余人前来增援。大队指挥所当机立断，命令部队撤出战斗。当晚，大队党代表黄木芬对俘虏进行教育后，发给路费，全部释放。

平乐河口伏击战　1945年6月下旬的一天，日伪军10余人乘1艘木船到平乐县河口征税。河口离县城仅几公里，临阳联队突击队以敢于“虎口拔牙”的大无畏气概，在河口设伏。敌船进入我方伏击圈后，突击队猛烈开火，经短时激战，将敌船击伤，船上的日伪军全被击毙。

三角灶反击战　1945年7月下旬，驻越南海宁省潭河、下居的日伪军分三路进犯钦防华侨抗日游击大队，其中一路日军数十人从右侧向三角灶迂回。钦防游击大队集中兵力向该路日军进行反击，日军不支，仓皇后撤。钦防游击大队穷追数华里，毙伤敌五六名，缴获军用物资一批。

各游击队继承和发扬人民军队既是战斗队又是工作队的光荣传统，在积极与日伪军作战的同时，大力开展群众工作，发动群众建立各种抗日团体以至抗日民主政权。主要由文教、新闻工作者和爱国学生组成的镇国政工队、柳州日报社警卫队、桂林师范战时服务团从本身的特点出发，着重进行抗日宣传动员工作，同时组建武装班(组)，开展对日伪作战和锄奸肃特斗争。临阳联队还成立民运队，深入各村屯、山寨，向汉、瑶各族群众进行抗日宣传，动员群众捐借粮食、武器，支援游击队作战；向群众灌输民主思想，推动临桂、阳朔两县各阶层群众实行民主自治，先后成立了阳朔县兴坪、天顺、大源3乡抗日民主政府和兴坪区抗日民主政府、临桂县亨庆乡抗日民主政府。这几个抗日民主政权在动员、组织群众支前，防奸防特，实行合理负担政策，调解民事纠纷，发展生产等方面做了许多有益的工作。

中共灵川县特支则通过有力的统战工作，成立了名义上受国民党灵川县政府管辖，实际上由共产党员主持工作的灵川东区办事处和北障、南藩两乡联合办事处两个“白皮红心”政权。

各人民武装在坚持独立自主原则的同时，积极执行国共合作抗日的方针，团结、争取国民党地方军政当局抗日，经常协同国民党军队与日军作战。在国民党反共顽固派制造反共摩擦时，各地中共组织坚持政治进攻、军事防御和有理、有利、有节的原则，大力开展宣传工作，揭露反共顽固派的阴谋，通过各种渠道，争取各阶层爱国人士、开明士绅的同情、支持，以避免、减少军事冲突。

1945年1月，新上任的国民党融县县长安图控制融县挺进队，提出收回前任县长拨给该队的轻机枪，接着又下令永乐粮仓停止对挺进队供应粮食，以迫使挺进队就范。为避免双方发生军事冲突，挺进队领导根据中共柳北联合工委的指示，率领部队东渡融江，开往融县南区驻防。南区位于柳（州）长（安）公路和融江之间，挺进队在那里活动，可对日军水陆交通线构成威胁；该区的开明士绅陶三公（陶继康）积极主张抗日，在群众中很有威望。在陶三公等爱国人士的支持下，挺进队得以在南区站稳脚跟并迅速发展壮大。随后挺进队派党支部书记卢起与国民党融县南区办事处主任谈判，提出：挺进队常驻南区，但有到敌后任何地区进行抗日的权利；驻地粮仓的粮食归挺进队支配，东岭、潭头两圩镇的税收，由挺进队征收以供军需。经过说理斗争，双方达成协议，避免了事态的恶化。

但在桂东南和钦廉四属地区发生了严重的军事冲突。国民党玉林、钦廉当局极力推行蒋介石消极抗日、积极反共的方针，不允许共产党领导的人民武装存在。1944年11月，桂东南抗日游击区办事处调军事干部、共产党员陈朝美（原名汤胜福）从博白到贵县抗日前线工作，途经贵县木格圩时被国民党地方武装逮捕。中共贵县县委书记谭留科给贵县县长和木格区区长写了一封言辞恳切的信，晓以民族大义，要求他们释放陈朝美。该县长不但不放人，还把木格自卫队中与人民抗日武装有一些联系的几名队员抓起来。12月下旬，中共贵县香江党支部领导的大江抗日自卫队率先投入截击日军船队的战斗，取得重大胜利。国民党贵县当局不但不加以褒奖，反而饬令大江自卫队交出战利品。在这样的形势下，桂东南抗日游击区办事处决定举行抗日武装起义，开展独立自主的抗日游击战争。1945年2月26日，陆川起义，27日博白起义，3月2日兴业起义，3月3日贵县起义。上述4县的抗日自卫军一度占领或控制了31个乡公所，有的乡成立了抗日民主政府，委任了正副乡长，有的乡开仓济贫，以解难民和贫苦群众的燃眉之急。国民党玉林当局随即调集专署直属部队和各县民团、反

通告（第一號）

桂東南抗日游擊區辦事處

一九四五年一月印發

1945年1月桂东南抗日游击区办事处通告（第一号）

动地主武装对起义部队进行残酷的“围剿”。由于这些人民武装均系刚刚组成，武器低劣，弹药缺乏，无作战经验，接连失利。至3月中旬，大部分部队解体，部分骨干分散转移外地隐蔽，博白、陆川两县幸存的300多人撤往广东廉江，编入中共广东南路特委领导的南路人民抗日解放军，参加南路的抗日游击战争。

1945年2月，中共合浦、灵山、钦县组织组建部队，发动抗日武装起义，攻占了当地国民党顽固派控制的一些区、乡公所，夺取了一批武器弹药，以装备自己，开展抗日游击战争。武装部队随即遭到各县国民党地方武装和正规军155师的“围剿”，部队损失很大。3月下旬，南路人民抗日解放军参谋长李筱峰决定，合浦、灵山的部分队伍共100多人随西进合浦白石水地区创建抗日根据地的南路人民抗日解放军第2支队东撤，在遂溪、廉江一带开展抗日斗争，其余部队化整

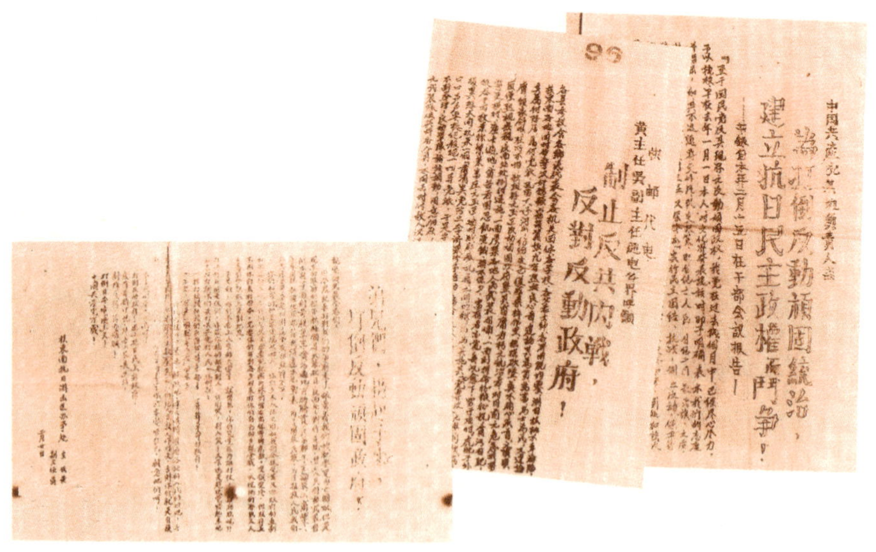
建立抗日民主政權而鬥爭！
快郵代電
制止反共内戰，反對反動政府！
打倒反動頑固政府！

1945年2月12日，桂东南抗日游击区办事处主任黄彰和副主任吴家宜起草的“快邮代电”。电文揭露国民党顽固派扼杀群众抗日活动和反共的罪行，呼吁各阶层人民“制止反共内战，反对反动政府”

为零，分散活动。留下的部队在极其困难的条件下坚持斗争，直至抗日战争胜利。钦防华侨抗日游击大队成立后，即开赴中越边境华侨聚居的越南海宁省的马头山、棠花地区，与盘踞该地的日军和越南伪军作战，没遭到国民党顽军的打击。

在日伪顽军夹击下的广西人民游击队处境十分困难，经常风餐露宿，衣食无着。在残酷的斗争中，中共广西省工委代理副书记黄彰、玉林区特派员吴家宜、陆川县委书记温翊俊、兴业县委书记覃注礼、博白县委书记熊景升、贵县县委书记谭留科、灌阳特支副书记文良儒和中共钦廉四属组织联络员兼军事特派员阮明，以及南路人民抗日解放军第3支队支队长兼政委张世聪，钦县人民抗日解放军参谋长陈浩、政治处主任林国兴，钦防华侨抗日游击大队党代表黄木芬等领导干部和400多名战士壮烈牺牲。

1945年5月8日，德国法西斯宣布投降。其后，远东的美军加强对日进攻，苏联红军积极准备对日作战。日军为摆脱灭亡的命运，实行战略收缩，抽调兵力加强对中国沿海地区和日本本土的守备。从5月下旬开始，侵桂日军逐次向湖南、广东方向撤退。日军自广西撤退时，中共广西地方组织领导的游击队积极出击，迟滞日军的行动，截击、伏击其小股武装、掉队人员。而国民党军则企图乘反攻之机，凭借其绝对优势兵力消灭中共领导的人民武装。中共广西省工委审时度势，为保存革命力量，决定部队化整为零，外来人员立即转移，当地农民战士回乡隐蔽，原有社会职业的同志或在校学生复职、复学，由国民党地方当局拨借的武器予以归还，自带、自筹和作战中缴获的武器则秘密埋藏。由于战争环境，一些游击队未能接到省工委的这一指示，但他们亦从敌强我弱的实际情况出发，自行决定化整为零，分散隐蔽，从而使党领导的抗日武装基本上没受到损失。

中共广西省工委和钦廉四属党组织领导的抗日游击战争，只有半年多时间，指战员只有7000人，活动区域为20多个县，但它是广西敌后游击战的一面旗帜，激励、引导着八桂各族人民奋起抗击日本侵略者，有力地配合了正面战场的作战；共产党人在抗日游击战中显现的先锋模范作用，扩大了党在广西和钦廉四属人民中的影响，增强了党的凝聚力，感召着千万群众跟着共产党走，为实现中华民族的解放而斗争；广大党员在血与火的斗争中经受了严峻的锻炼，增强了党性，取得了从武治军的经验，造就了一批军政干部，从而为党在解放战争时期发动大规模的武装起义，开展波澜壮阔的人民游击战争，实现广西的解放奠定了基础。

（四）光复八桂

1945年上半年，中美军队在远东战场反攻取得重大胜利，日军已陷孤立局面。3月，中印公路全线贯通，国民党军36个师补充美式武器装备。4月1日，第四战区改组为第2方面军，张发奎任司令官，夏威、邓龙光任副司令官。中国陆军总司令何应钦指挥第2、第3方面军，在地方部队和空军配合下先敌而行实施追击，以将日本侵略军消灭于广西境内。当时，留驻广西的日军有第11军指挥的第3、第13、第34、第58师团4个师团和独立混成第22、第88两个旅团，约10万人。同年4月1日，美军攻占冲绳岛，直逼日本本土。4月5日，苏联政府正式通告日本，废除《苏日中立条约》。日本大本营为应付美军对日本本土的作战，对付苏军在远东的军事行动，加强本土的防守，决定收缩在华兵力，把重点放在京沪、平津胶东和武汉三地。4月14日，日本大本营命令中国派遣军将在广西的第3、第13、第34师团和时驻广州附近的第40师团调往南京，驻桂林的第58师团调往武汉。

在此种情势下，1945年4月，国民党军从桂西北发起光复广西作战，史称“桂柳反攻作战”。第2方面军和第3方面军对侵桂日军发动进攻。第2方面军原驻百色、河池地区，汤恩伯第3方面军驻黔南、湘西。4月27日，国军各部队陆续发起攻击作战。第3方面军韩练成第46军175师收复都安。5月初，第46军一部开赴邕龙路两侧，切断南宁与越南的日军交通。5月中旬，第64军主力推进至南宁近郊，第46军推进至武鸣、上林、宾阳，攻击邕宾路之敌，迫使日军退守南宁。5月26日，第64军光复南宁；7月25日，光复凭祥镇南关。

1945年8月8日，中国军队抗击日本侵略者的战斗精神象征：一名标准团旗手站立在一座山顶上，身边由一队强壮的卫兵守护

5月20日，第3方面军沿黔桂路东下，连克河池、德胜。6月中旬，连克宜山、柳城。第46军在克复宾阳之后，转向迁江、柳州，6月29日，第46军175师会同第3方面军第29军169师、第71军91师光复柳州。18日，北海涠洲岛民众起义胜利，全歼日军20多人。

1945年8月18日，柳州人民欢迎中美联军入城的情景

按照拟定的撤退计划，日军第13和58师团，主要是沿着河池、宜山、柳州、桂林至全县的铁路两侧后撤。国军和广西民团对撤退的日军，在铁路、公路、山地、隘口、渡河点、村庄附近等地进行袭击和追击围歼。尾追的部队，有时距敌仅有一两百米。空军则攻击和轰炸桥梁和船只，使敌人不仅伤亡增大，且其撤退速度大为减慢。追击的部队除了国军地面部队、空军、民团之外，还有部分在华的美军地面部队。

柳州收复后，第3方面军第29军、71军分三路向桂林追击日军。7月9日，中路第29军169师攻占雒容、中渡。17日克黄冕。7月25日，攻占日军的主要据点永福。右路由第71军的91师沿桂柳公路前进，24日占阳朔，直逼桂林近郊。左路第71军另一部从越城岭方面向桂林西北进逼，23日占百寿。

第3方面军第94军、20军、26军3个军，于7月13日在桂林至全县的铁路以北，从北面对日军发起正面进攻，其部署为：（1）以94

1945年8月，广西桂林。衣衫褴褛的中华民国国军先头部队进入市区，背景是已经毁坏的广西银行总行，在残存的立柱上，当地人民用毛笔书写“欢迎最先光复桂林的二九军一六九师突击大队”

军所属朱敬民的第121师、李士林的第43师、李则芬的第5师，第20军所属周翰熙的第133师，从铁路以北，进攻桂林至灵川铁路、公路沿线的日军。（2）以20军所属伍重严的134师，从铁路以北进攻大溶江以东至兴安铁路沿线的敌军。（3）以第26军董继陶的第41师、蒋修仁的第44师，从铁路以北进攻全州西南铁路沿线的界首、咸水之敌，特别是利用界首附近的五崎岭险要地带进行阻击。

为了合击桂林，国军第94军由龙胜向义宁，第26军向兴安、全县，截断桂林之敌的退路。7月26日，国军第94军、29军、71军对桂林市区发起总攻，28日光复桂林。7月31日，第94军121师攻占日军固守的灵川县磨石山长蛇岭阵地。日军撤退前对桂林进行疯狂的焚烧破坏，全城变成废墟。当时驻桂美军新闻处报道：“中国无任何一城较此次桂林所遭劫祸更甚者。”

8月15日，第3方面军第13军（军长石觉）进攻光复梧州。当日，日本天皇宣布无条件投降。17日，第20军133师光复全县，18日光复黄沙河镇。至此，整个反攻作战结束，广西全省光复。国军反攻广西作战伤亡5000余人，击毙日伪军4000余人。

广西抗日战争大事记（1931—1945）

1931年

9月　九一八事变爆发，是月，广西各界抗日救国会在邕成立。邕、桂、梧、柳等地掀起抵制日货运动。

10月初　中共郁江特委为九一八事变召开会议讨论时局并发表宣言，表示将站在苏维埃的旗帜下团结和武装起来，反对日本帝国主义的侵略和掠夺。

1932年

4月　广西当局提出“三自三寓”政策作为建设广西的纲领。“三自”就是自卫、自治、自给；“三寓”就是寓兵于团、寓将于学、寓征于募。

1933年

5月1日　邕（宁）钦（州）公路通车。长160公里。

5月31日　省抗日救国会及全省各县纷纷通电，反对南京政府与日本关东军代表在天津签订的丧权辱国的《塘沽协定》。

9月　兴建桂林秧塘机场。

1934年

10月下旬　日军铃木中将由沪到两广活动，会晤李宗仁、白崇禧等人，宣传“中日亲善”“经济提携”，实行“大亚细亚主义”等。11月16日返上海。

1935年

12月18日　为声援北平学生的“一二·九”抗日救亡运动，广西国民基础教育研究院、南宁高中等校学生8000余人在南宁公共体育场举行广西省会全体学生援助北平学生救国运动大会。

1936年

6月1日　广东陈济棠与广西李宗仁、白崇禧等联合，以国民政府西南政务委员会和国民党中央西南执行部的名义，发动“两广事变”（又称“西南事变”、“六一运动”）。

△　中共邕宁县委以广西抗日同盟会的名义发表《拥护抗日宣言》，号召一切党派联合起来结成抗日统一战线，一切武装队伍和民众共同抗日。

6月8日　毛泽东以中华苏维埃政府主席的名义向红色中华社记者发表谈话，表示支持两广抗日反蒋的行动。

6月27日　由广西学生抗日救国联合会和广西师专学生发起组织的“中华民国国民革命军广西抗日救国学生军”（史称广西第一届学生军）在南宁成立。

7月下旬　云广英受中共中央派遣，以红军代表名义抵南宁，化名林秀先，会见李宗仁，表明了中共方面对两广事变的态度。

8月22日　广西当局为对付蒋介石的压力，广泛邀请各党派代表到南宁商议成立抗日政府问题。事变期间，中共中央北方局情报部长王世英曾到南宁活动。

8月　张学良、杨虎城派解如川到广西联络李宗仁、白崇禧，提出联合抗日主张，并了解两广事变真相。

9月3日　下午5时许，日本间谍中野顺三在其开设的北海“丸一药店”被人刺杀。史称“北海事件”或“中野事件”。

9月8日　蒋介石召见广西代表刘斐听取北海事件详情，为安抚日本人，指令将19路军撤离北海。

9月18日　蒋介石到李宗仁广州住所“继园”会晤李宗仁。两广事变至此和平解决，蒋桂对峙结束。

9月中旬　两广事变和平解决后，云广英携李济深致毛泽东信函离南宁返回陕北。22日，毛泽东致函李济深、李宗仁、白崇禧商定抗日救国协定。

12月16日　李宗仁、白崇禧、李济深等16人通电全国，主张政治解决西安事变，立即对日宣战。

12月17日　中共广西省工委发出第二号通告《救亡运动的新任务与新口号》。

12月21日　根据中共中央和中共广西省工委的指示，右江上游和下游两个革命委员会合并成立桂西区抗日救国分会筹备会，并发表《桂西区抗日救国分会筹备会成立宣言》，号召桂西区各党派团结一致，共同对付日本帝国主义以及汉奸卖国贼。

1937年

1月下旬　国民党广西当局的代表刘仲容到达延安。4月1日由延安返回广西，向李宗仁、白崇禧传达中共的抗日主张及对广西当局的态度。

3月22日　中共南方临时工委致函中共桂西区特委，就桂西区红军游击队与广西当局军队合作抗日谈判问题提出5点指示。

3月　中共广西省工委在横县县城中心校图书楼召开第二次全体

会议，确定了在广西建立抗日民族统一战线和开展抗日救亡运动的工作方针。

6月中旬，中共代表张云逸与李宗仁、白崇禧举行两次会谈。下旬，经张云逸、李宗仁及刘湘的代表张斯可多次商谈，拟就《红(军)、桂、川3方联合抗日纲领草案》。

7月20日、21日　李宗仁、白崇禧、黄旭初通电全国，拥护蒋介石17日庐山谈话的抗战立场和南京政府的抗战政策。

7月　中共广西省工委在横县横州镇郁江河面的船上召开郁江区党代表会议，讨论建立抗日民族统一战线，组织和发展抗日武装等问题。

10月12日　广西当局决定组建第二届广西学生军。中共广西省工委指示各地党组织动员党员和爱国青年学生积极参加。

10月15日　日军空袭桂林、梧州，死伤民众700余人。

10月　广西第7军、第48军参加淞沪会战。

1938年

9月13日　日军占领涠洲岛，封锁北海港。

10月下旬　周恩来在武汉撤往长沙途中与白崇禧同行。周恩来向白崇禧说明中共抗日民族统一战线的方针政策，鼓励他坚持抗战，争取做民族英雄。白崇禧对中共发动和领导的抗日游击战争给予很高评价，并表示支持在桂林设八路军办事处。

11月中旬　八路军驻桂林办事处成立。李克农任主任。

11月下旬　广西当局再次组建学生军（第三届学生军），由第16集团军总司令夏威兼任司令官，招收大中学校学生4200多人组建3个团。

△　国民政府军事委员会委员长蒋介石抵桂林。

12月8日　国际反侵略运动大会中国分会广西支会在桂林大华饭店召开筹备会，周恩来出席，并在会上作抗战形势演讲。

△　蒋介石在桂林主持召开军事会议，决定收复广州及防卫西南策略。

12月中旬　邓颖超应邀到学生军一团女队讲话。她赞扬学生参加抗战活动，鼓励她们为抗战多做工作。

1939年

1月1日　白崇禧在桂林发表《元旦告军民书》。指出：日军是中国人民的死对头，只有实行持久战消耗他的元气，将来才能一击而置之死地。要尽最大努力唤醒民众，组织民众，训练民众，运用民众。

1月15日　日海军为攻占海南岛，在涠洲岛建立航空基地。

2月17日　周恩来在八路军驻桂林办事处与李克农、曹瑛谈党的组织工作和宣传工作纲领。

3月初　广西当局饬令各地组织抗日战时工作团。

4月下旬　周恩来由皖南回重庆，第三次路经桂林。在桂林期间，接受了《救亡日报》记者的采访。

5月15日　广西省政府征桂林、恭城等7市县民工扩修桂林秧塘机场。11月20日完成第一期工程。1941年4月1日，全部竣工。

5月21日　叶剑英应黄旭初邀请，在白崇禧陪同下，到广西地方建设干部学校，为全体师生作题为《当前战局之重点》的演讲。

△　“苏生学园”——战俘临时收容所在桂林南岗庙建立。该所收容日本俘虏50名。

6月3日　缅甸华侨救护队36人抵桂林，参加祖国的抗日活动。

11月15日　日军以第5师团、台湾混成旅团为主力，配属海军第五舰队一部和部分航空兵共3万多人，由华南派遣军司令官安藤利吉指挥，在钦州湾龙门港和防城县的企沙强行登陆。

11月17日　日军占领钦县。后主力在飞机配合下，翻越十万大山，沿邕钦公路向南宁进犯。国民政府军事委员会调第5军、第99军、第36军等在相关地域集结。桂南会战开始。

11月22日　晚，日军第5师团抵邕江南岸，从东南正西夹攻南宁。刚调到南宁的第46军、31军所部6个团仓促应战。

11月24日　下午5时，南宁失陷。日军侵占南宁后，数日内，在金鸡乡一带杀害民众近千人。

11月26日　白崇禧抵迁江指挥作战。

11月29日　日军向昆仑关守军阵地猛烈炮击，第188师派部队增援。同日，日军飞机轮番轰炸高峰坳方面守军阵地，日陆军以公路被破坏无法前进，抢修小董以南公路。

11月30日　日军飞机8架轰炸高峰坳，日军第9旅团第41联队向高峰坳发起猛攻。昆仑关方面，日军飞机近60架分批轰炸八塘中国守军阵地。下午5时，八塘失陷。

12月1日　日军猛攻高峰坳。守军第135师、170师等部不支，退至武鸣县北马安圩、陆斡圩及邕宁的八塘以北一线。高峰坳失陷。

12月4日　日军占领昆仑关，随即在该处构筑坚固工事，企图固守。国民党军队退至昆仑关以北及武鸣附近地区集结整顿。桂南战事进入对峙状态。

12月15日　苏联志愿援华空军进驻柳州机场。

12月18日　国民党调集以杜聿明第5军为主力的部队调整就绪，开始向昆仑关发动反攻。

12月21日　日军第5师团第9旅团一部侵入龙州、镇南关，掠烧3天，24日撤回南宁。

12月23日　在华日本人民反战同盟西南支部在桂林成立。

12月27日　中国空军战斗机在昆仑关上空与日军飞机激战，击落日机2架。第32中队队长韦一青在击落1架日机后，被击中牺牲。

12月28日　桂林行营下令反攻昆仑关。杜聿明第5军新22师及余汉谋部159师等与日军第5师团第21旅团在昆仑关外激战。29日，昆仑关两侧高地被围，日军在炮火攻击中几无余生。30日，昆仑关日军开始总退却。

12月30日　日军飞机18架袭柳州，中国空军和苏联空军协同作战，击落日机8架。31日，日军飞机约18架再袭柳州，中国空军起飞迎击，击落敌机5架，俘飞行员2人。

12月31日　杜聿明第5军新22师及余汉谋部第159师各一部发起强攻，夺回昆仑关。残敌向九塘方向退却。

1940年

1月1日　日军由粤北抽调近卫混成旅团及第18师团主力，增援桂南作战。9日，近卫旅团在钦州湾登陆，沿邕钦公路北进。13日，第18师团在钦州湾登陆。

1月8日　蒋介石飞抵桂林指导作战。

1月13日　桂林行营在迁江召开桂南会战高级将领会议，决定宾阳附近的作战方针。

1月15日　第46军175师524团在灵山县泗峡坳与2500余名日军激战。期间，灵山青年抗日游击队、民众抗日自卫队等参加了战斗。

1月22日　日军近卫混成旅团在七塘集结完毕，第18师团在南宁集结完毕。28日，进占永淳。

1月28日至31日　中国军队与日军在甘棠、永淳一带交战。31日，甘棠失陷。

是月　第四战区司令长官司令部由广东曲江迁广西柳州。2月1

日起，由第四战区司令长官张发奎接替白崇禧指挥桂南作战，陈诚协助。

△　日军陷宾阳，继续向武鸣、上林进犯。第2军第9师在宾阳大中村与日军遭遇，师长郑作民阵亡。

2月3日　日军第5师团窜犯昆仑关。昆仑关再陷。

2月9日　日军将在桂南地区的部队合编为第22军。

2月13日至21日　退至南宁的日军第18师团沿邕钦路南撤，由钦县龙门港乘舰返粤。

2月21日　蒋介石由重庆飞抵桂林，当晚乘火车前往柳州，在羊角山主持桂南会战检讨会。

4月6日　占领南宁的日军到邕宁沙井乡乐贤村屠杀村民，近百人遇难。

5月14日　日军飞机狂炸南宁郊区坛洛圩，死400多人，伤780多人。

6月9日　在抗日前线殉国的第173师师长钟毅的灵榇运抵重庆，后灵榇运回广西，安葬于桂林郊外。28日，国民政府明令追赠陆军中将。

6月17日　日军以近卫混成旅团、台湾混成旅团固守南宁，以第5师团沿邕龙公路向西突围，晚至绥渌城。26日，陷明江。

8月22日　爱国侨领、南洋华侨赈济总会主席陈嘉庚率南洋华侨回国慰劳、视察团由贵阳到达桂林，受到省政府和各界人士热烈欢迎。

8月25日　美国著名女作家史沫特莱访问桂林，并参加桂林抗战文化宣传活动。

10月26日　日军总部发布自南宁撤退的命令。

10月29日　日军近卫混成旅团及第22军各直属队由南宁向

南撤。

10月30日　第64军由邕武、邕宾路进击，是日收复南宁。

11月3日　日军由涠洲岛撤退。行前纵火屠城，全岛化为焦土。

1941年

3月3日　日军1000余人在北海高德强行登陆，北海失陷。7日晚，经激烈战斗，中国军队攻克高坎头，8日下午克高德。8日晚，将北海市内的日军全部肃清，毙伤敌数百人，北海收复。

4月　广西省政府在昆仑关拨地1000亩，建抗日阵亡将士陵园。

8月1日　美国援华航空志愿队第76战斗机中队进驻桂林。

12月14日　广西省临时参议会致电国民政府，表示拥护对日、德、意三国宣战。

1942年

1月18日　日军飞机袭击桂林城区，发生大火，许多商店被焚毁。同日，25架日军飞机在南宁城区投弹114枚，毁房屋398间，死伤430人。

11月2日　日军飞机40架分批袭击桂林，被美国空军志愿队击落2架。23日，日军飞机再犯桂林，又被击落2架。

1943年

4月5日　上午10时，日军飞机10余架入侵南宁，美军飞机5架起飞迎击，击落日机2架。驻柳州的美军飞机也起飞截击，击伤日机多架。1架美机与日机相撞，美飞行员牺牲。

4月　由于日本特务苏臣（原名陈素珍）告密，驻桂林的美国第14航空队03号油库被日机轰炸，损失航空汽油1万多加仑，造成航空队不能及时升空作战。

秋　桂林李家村飞机场兴建。1944年秋竣工。

1944年

2月3日　蒋介石巡视桂林。5日至南宁。

4月5日　32架日军飞机侵袭南宁机场，美国第14航空队驻南宁和柳州的飞机起飞迎击，击落日机9架，重创3架，第14航空队损失飞机3架。

6月26日　白崇禧致电蒋介石，提出保卫桂林、柳州的作战意见。

6月27日　美国副总统华莱士在桂林与中、美将领商讨中国抗战形势，并听取白崇禧、张发奎介绍第四战区战况。30日离桂林。

8月29日　湘桂战役开始。

8月　中共广西省工委指示各地党组织积极组织抗日武装，领导人民开展游击战争。要求集中力量创建桂东北、桂东南区抗日游击根据地。

△　中共灵川特支建立潞江抗日自卫队，不久成立灵川青年抗日政治工作队，先后与日军作战10余次，歼敌70余人。

9月10日　日军第6方面军司令官冈村宁次指挥第11、第23军、第2飞行团（飞机约150架）和第2遣华舰队一部，共约16万人，在南方军一部配合下，以打通桂越（南）公路为目标，向桂林、柳州进攻。

9月11日　日军占领黄沙河。

9月13日　白崇禧召集张发奎、夏威、韦云淞、贺维珍、黎行恕等高级将领开会，决定将175师、188师调离桂林前线，仅以第31军131师、第46军170师共17000多人为桂林守备部队，死守桂林。

9月21日　日军陷梧州。次日，陷容县、灌阳。

9月25日　白崇禧在宜山召开党政军联席会议，指示各地组织地方武装。

△　日军陷龙虎关，28日占平南丹竹机场，30日陷兴安。

9月至10月　中共灌阳特支先后建立全县恩德区自卫联队新编二中队等武装组织，与日军展开游击战。

10月2日　中共广西省工委代理副书记黄彰在贵县木格乡社塘村，召开桂东南地区各县党组织负责人会议，部署创建桂东南游击根据地工作。

10月9日、13日、16日　第四战区司令长官部就保卫桂、柳，掩护柳州空军基地制订作战方案，并于9日、16日分别下达保卫桂林、柳州的第一号、第二号作战命令。

10月29日　日军闯入桂林东郊王家村，焚烧谷米笼箱，火熏躲藏在岳山黄泥岩内的群众。31日，日军又将抢得的大批干辣椒用衣物包裹，以毒气加火烧熏，致使躲在黄泥岩内的1142人中死亡137人。1962年，该岩改名“白骨洞”。

11月9日　零时，日军总攻桂林城。其第40师团由中正桥至伏波山之间突破桂林城防军的防线。日军向七星岩内投放毒气弹，守军第391团及在洞内的野战医院人员、伤兵、居民800余人中毒身亡。

△　下午，桂林城防司令韦云淞召开防守部队长官会议，决定黄昏后弃城突围。第131师与敌激战，寡不敌众，师长阚维雍自戕殉国。晚，突围中，第31军参谋长吕旃蒙阵亡，城防司令部参谋长陈济桓殉职。

11月11日　柳州失陷。第四战区司令长官部令部队向西转移，以保黔桂铁路。桂柳会战结束。

11月17日　中共贵县和横县党组织调动抗日武装300多人在贵

县大江乡和横县镇江乡大岭村一带截击日军独立步兵第248大队运输船队，击毙大队长渡部一郎中佐以下日伪军80多人，俘虏5人。

11月24日　南宁失陷。

11月至12月　中共河池特支、上思特支、宁明爱店特支、修仁支部，在河池光隆、上思东安、鹿寨十锦建立抗日自卫队，在爱店和越南建立抗日武装宣传队、华侨抗日宣传队。上林、宾阳、迁江、隆山等地相继建立一批抗日义勇队。

12月10日　侵占南宁的日军沿邕龙路南下，是日与由思乐北上的日军在绥渌县境会师。至此，日军打通其“大陆交通线”。

冬　中共广西省工委决定在桂东北地区，以海洋山为中心建立抗日根据地，开展武装斗争。

1945年

1月1日　桂东南抗日游击区办事处在贵县木格乡社塘村成立，中共广西省工委代理副书记黄彰任主任，中共郁林区特派员吴家宜任副主任。

1月　中共桂北临时联合工作委员会成立，负责人罗培元。工委成立后，组织领导融县抗日挺进队、挺秀队，柳州日报警卫队和镇国政工队，在融县、罗城、柳城一带开展抗日武装斗争。

2月5日　融县抗日挺进队在大扁洲截击日军船队，缴获盐船9艘，食盐2万多斤。

2月20日　桂东北人民抗日游击纵队临阳联队在阳朔县大源乡成立，联队长黎偶璋，政委黄嘉。下辖2个大队，1个民运队，共300多人枪。

4月1日　第四战区改编为第2方面军。

4月　第2方面军和第3方面军配合发起桂柳反攻作战。

5月27日　克复南宁。

6月6日　第3方面军第29军收复宜山。日军由柳州增援，与29军在宜山反复争夺。14日，再克宜山。

6月　北海涠洲岛群众在日军败退前夕发动武装起义。18日夜，起义群众以大刀、木棍、鱼叉等为武器，与台籍士兵配合，攻占日军司令部、哨所、电台等9个据点，击毙日军官兵20多名。

6月30日　第2、第3方面军会攻收复柳州。

7月27日　15时，第27集团军第29军一部由南门攻入桂林市区。入夜，第94军两个师突入桂林。日军北撤。

7月28日　桂林克复。

8月15日　第3方面军第13军收复梧州。

8月18日　广西全省克复。

9月3日　南宁各界庆祝抗日战争胜利大会在公共体育场举行。

9月12日　陆军总司令何应钦、广西省政府主席黄旭初乘飞机抵南宁。何应钦向张发奎等布置有关日军受降事宜。

参考文献

［1］中共广西区委党史研究室. 中共广西党史大事记：新民主主义革命时期. 南宁：广西人民出版社，1989：111–112.

［2］徐启明. 对日抗战回忆录：二. 广西文献，第18期.

［3］程思远. 政坛回忆. 南宁：广西人民出版社，1983：116.

［4］冯璜. 广西空军. 焦土丛刊，第四辑之一.

［5］广西抗战文化研究会. 桂林抗战文化研究文集：四. 桂林：广西师范大学出版社，1997.

［6］中共桂林市委党史研究室. 中共广西地方历史专题研究：桂林市卷. 南宁：广西人民出版社，2001：187.

［7］广西省政府.《广西省抗战损失调查》报表. 1946.

［8］中共广西区委党史资料征集委员会. 党在广西学生军. 南宁：广西人民出版社，1988：127–128.

［9］中共广西区委党史资料征集委员会. 党在广西学生军. 南宁：广西人民出版社，1988：29.

［10］中共广西区委党史资料征集委员会. 党在广西学生军. 南宁：广西人民出版社，1988：28.

［11］巢威. 泗合坳作战始末 // 广西区政协文史资料委员会. 广西儿女抗战亲历记. 南宁：广西人民出版社，1995.

［12］梁结中. 我们参加了泗合坳的战斗 // 广西区政协文史资料

委员会. 广西儿女抗战亲历记. 南宁：广西人民出版社，1995.

［13］中共湛江市委党史研究室. 南路人民抗日解放军史. 广州：广东人民出版社，1995：100.

［14］中共中央关于东江部队发展方针给林平电，1944-11-24.

［15］中共中央关于华南工作方针的指示. 1945-3-6.

［16］李灿兵. 昆仑关下永恒的丰碑. 南宁：广西人民出版社，2011.

［17］巢威. 桂南抗战中的泗合坳战役. 广西文史资料，（19）：79.

［18］蒋介石关于桂南会战的总结//中国第二历史档案馆. 抗日战争正面战场：下. 南京：凤凰出版社，2005：907.

［19］张发奎. 抗日战争回忆录//广东文史资料选集：55集. 广州：广东人民出版社.

［20］光亭. 国军王牌部队第五军战史. 台北：知兵堂出版事业股份有限公司，2013.

［21］冯杰. 西南挥戈：1944年中日桂柳会战. 台北：知兵堂出版事业股份有限公司，2013.

［22］中国人民政治协商会议广西壮族自治区委员会文史资料研究委员会. 李宗仁回忆录. 1980.

后　记

抗日战争是中国人民反抗外国侵略第一次取得完全胜利的民族解放战争，永远值得纪念。广西抗战是这场全民族解放战争中重要的一部分，它昭示了八桂儿女戮力同心、英勇杀敌的英雄气概，彰显了伟大的抗战精神。这必将激励全区各族人民为加快实现广西“两个建成”目标、实现中华民族伟大复兴的中国梦而奋勇前进。

纪念是为了不忘历史，缅怀先烈，珍爱和平，开创未来。在抗日战争胜利70周年之际，我们编纂出版《中国抗日战争全景录·广西卷》，力图通过对广西各族人民同仇敌忾，顽强抵抗日本侵略者的史实作翔实的记录，通过一幅幅历史图片和档案文献，全面准确地反映出广西在抗日战争中的地位和作用，反映出广西人民在抗日战争中所付出的牺牲，做出的贡献。由于一些事件和人物缺乏照片，加之史料繁芜，如有疏漏之处，敬请广大读者给予批评指正。

编　者

2015年4月

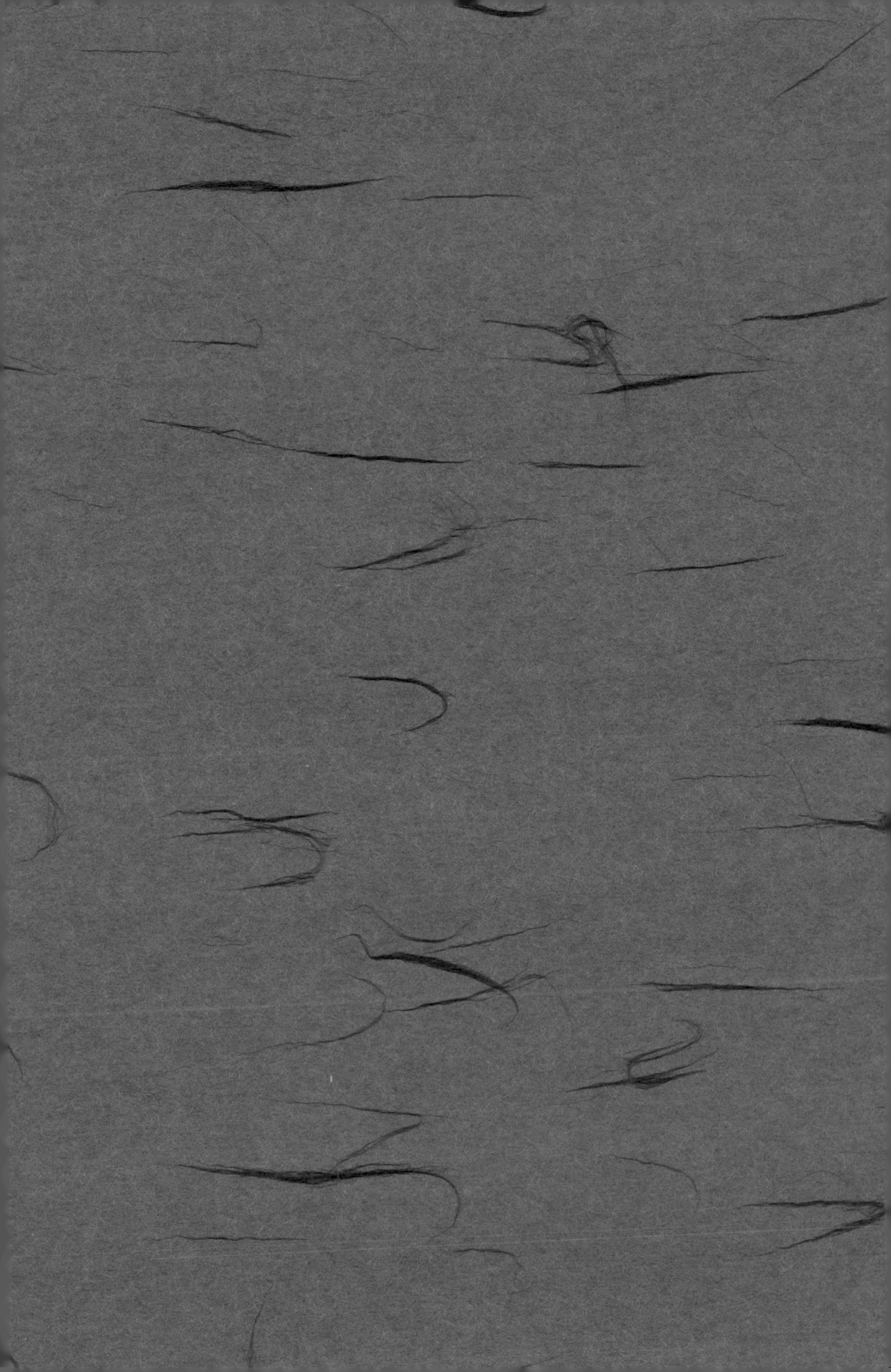